"芯世界"组委会 编

变革的力量

"芯世界"公益创新奖案例集

知识产权出版社
全国百佳图书出版单位

创新：中国社会转型的深层呼唤

何道峰*

1978 年，邓小平带领中国新一代领导群体，结束了中华民族精英们强国梦想的百年探索之形而上学争论，启动了以人均 GDP、就业非农化和居住城市化为主线的形而下之现实主义探索。30 多年之后，中国以 GDP 衡量的收入水平从最贫穷的国家步入中等收入国家的队伍，上升趋势明显。巨狮觉醒，世界震惊，似乎没有谁能挡得住中华民族通过市场化实现经济现代化的步伐。

2008 北京成功举办奥运会后，我们突然发现：经济增长解决了社会最深层的物质缺乏问题，但并不必然解决社会的和谐协调和人们的心理幸福问题，我们将这些非经济问题称为社会问题。

任何经济问题和社会问题的解决，都与结构和功能这样的逻辑命题相关，要想改变功能，必须改变结构。在中国，与传统农耕社会相结合的宗法社会结构、与计划经济相结合的个人空间被无限压缩的自上而下的社会统制结构，在 30 多年的市场经济重构过程中受到很多冲击、侵蚀和适应性改变，但并未经历系统的社会变革和转型，以致其从概念系统、工作机制，到人际沟通协调功能都远远落后于已经变革了的经济系统。缺乏对社会压力和矛盾的社会缓冲和分解机制，人们习惯将自己和政府看成坐在跷跷板上的两个主体，什么怨气和不满都发向跷跷板那端的政

* 中国扶贫基金会执行副会长。

府。这不是一个具有分解和缓冲机制的柔性社会，大家都不到位，大家又都在越位，大家都不幸福。所以我们看到，全社会的物质曲线在上升，人们的幸福曲线却在下降。

解决这个问题的方法，就是社会转型。向哪儿转？就是向与市场经济相一致的社会结构——公民社会转。公民社会，就是在个人和政府的跷跷板中间，建一个公益社会。个人超越自身的利益诉求，去参与构建公益社会，并训练自身的公民公益意识，学会像市场中的公司自组织一样的社会自组织和自我管理，构建社会分解器和社会缓冲器，并学会与政府协商对话。政府则超越狭隘的统治观念，通过社会组织购买服务而培育社会分解器和缓冲器，从事无巨细的跷跷板另一端退下来，做社会公正公平秩序的构建者和维护者。

这个社会转型的难度，远远高于前三十余年经济改革和发展的难度。首先缺乏一经启动就永动的功利主义机制；其次社会运行惯性巨大，千年积淀，何其重哉？任何公益都可能因强制而变味；再次，政府害怕丧失绝对权威的深层心理；最后，公益和功利如何悉心区分，等等。尤其在中国公益因官方垄断而变味，因郭美美事件的媒体传播而使人们更加迷茫的今天。

要在这样一种环境下推动中国社会的转型和公民社会的发育，必须要有创造性的思维，进行创新。包括唤醒公民意识，调查和审视中国社会的各种问题，发现差异与机会，构造社会组织的模式和创新解决社会问题的机制，运用人类迄今的一切文明成果去构建管理流程和解决问题的机制，创新信息共享机制与培育纠错和学习能力，创新思维方式、互动与传播方式，等等。总之，只有创新，才能增强公益空间构造对现代社会中人的吸引力，才能有效地唤醒公民意识，才能有效推动社会结构的转型和构建。这是时代的深层呼唤和需求。

英特尔公司和中国扶贫基金会、南都公益基金会、北京万通公益基金会等公益机构共同推动搭建的“芯世界”公益创新奖平台资源，通过“评奖－资助－交流展示－培训”的资助模式，来推动公益社会创新，就是一种社会创新的模式。

我们面前这本《变革的力量》所记录的案例，就是这一社会创新的成果。它所记录的优秀案例，是从数百个社会创新案例中筛选出来的，代表着正在进行着公益社会构造和社会转型的创新方式及人物团队，代表着公民社会发育的创造性工作。相信这些社会转型先驱的行动会唤醒公民意识，启迪方法，带来内心的共鸣与鼓舞，最终推动大数量级的时代行动来创造我们期盼的公民社会图景。

“芯世界”的跨界价值

王振耀*

跨界，有何重大社会价值？这是我多年思考的一个问题。因为我自己的学习和工作内容就常常跨界，变换工作。曾经认为：跨界与专业化的主张不是矛盾吗？从 2010 年的通过技术推动公益创新到 2011 年的“搭建跨界合作平台，缔造产业价值链”，作为一个一直关注“芯世界”公益创新奖的公益界人士，我非常高兴看到今年“芯世界”的“跨界”改变，也体会到了有形的跨界的价值。

当今世界，跨界已成为创新的重要驱动力之一。风靡全球的品牌苹果将时尚音乐生活理念与数字技术相结合，造就了 iPod；将娱乐与移动互联技术相结合，成就了 iPhone、iPad。乔布斯本人如此说：“能否产生创意，取决于你是否将不同的事物联系起来。”跨界正是打破各自领域固有的思维框架，将不同领域的技术、方法等元素进行重新组合、连接，产生出新的价值。曾经，专业化的社会分工极大地提高了社会的生产效率，推动着我们社会快速进步。现在，当国内业界的专业化程度还远远不够的时候，我们又需要打破分工的领域界限，通过跨界思维引领创新。

商业领域创新需要跨界，以社会组织为主体的社会创新同样需要跨界思维驱动。在 2011 “芯世界”公益创新奖颁奖典礼上，我们非常欣慰地从各个奖项的获奖项目上看到了跨界思维创新的印记。如“绿色江河”

---

* 北京师范大学壹基金公益研究院院长；2011“芯世界”公益创新奖顾问。

将音乐会的形式用于倡导气候变化，“果壳时间”将商业领域的形象策划手法引入科普传播，“善淘网”将电子商务理念嫁接至公益，这些无不是利用跨界思维进行创新的成功典范。

值得注意的是，与针对单一需求的商业创新不同，社会创新要解决的是激发社会活力，满足社会的多样性需求。这远非一方之力可以完成，需要政府、社会组织、企业各方的合作。此外，我国的社会组织发展历程仍较短，本身仍存在着许多结构性缺陷，以它们为主体的社会创新的推动需要更多外部力量和资源的注入和支持。因此，对于社会创新而言，跨界不仅仅是带来了思维的创新驱动力，同时也将会带来跨界资源注入的推动力和结构性改变。

2010 年，英特尔（中国）有限公司首次举办“芯世界”公益创新奖，从商界跨入到公益，将商界资源引入公益领域，本身就是一个跨界创新的尝试。2011 年，英特尔更将跨界的范围拓展：民政部社会福利和慈善事业促进司给予行政指导；英特尔（中国）有限公司和鹏华基金管理有限公司提供资金，负责项目运营以及培训支持；中国扶贫基金会、南都公益基金会、北京万通公益基金会等基金会的加入拓宽了各参与组织的资源空间；上海市慈善教育培训中心、北京师范大学壹基金公益研究院等专业研究机构及培训机构为项目的培训活动提供了智力上的专业支持。

通过搭建广泛的跨界合作平台，2011“芯世界”公益创新奖为那些通过创新脱颖而出的公益组织打造了“评选－资助－培训－案例分享”这样一种新的长链条的资助模式。在给予奖金资助之外，通过培训、志愿服务支持等方式帮助机构提升能力建设，推动创新力的可持续发展。

2011“芯世界”公益创新奖的跨界价值不仅传播倡导了跨界思维的社会创新方式，更通过跨界合作平台的搭建为公益组织引领的社会创新注入了新的资源。

未来的社会创新需要跨界驱动！

中国社会创新的动力

徐永光*

2011年是“社会管理创新突破年”。这一年的三月，在人代会上，“社会管理创新”首次写入政府工作报告。我想，面对着这一转变，每个民间公益组织都应从一个更高更宏观的层面去审视我们自身的使命和存在的价值。

改革开放以来，我国在经济发展方面取得了举世瞩目的成就，人们生活水平发生了翻天覆地的变化。但与此同时，各种社会矛盾和问题也伴随着经济的快速发展急剧涌现：贫富分化、城乡差距、环境污染、社会公平正义受到挑战……这些社会问题已经成为制约经济发展的主要因素。社会管理创新也因此成为政府体制改革的重要内容：建立起政府负责、社会协同、公众参与的社会管理格局，通过公民和社会的参与提高公共服务的效率，由政府、公民和社会共同解决社会问题和矛盾。

在这一背景下，以提供社会服务、增进社会福祉为职责的公益组织应跳出第三部门“拾遗补缺”作用的视界，承担起引领中国社会创新的职责，与政府自上而下“社会管理创新”的目标相呼应，自下而上地推动社会创新，协同解决社会问题。世界范围的经验证实：公益组织是推动社会创新的重要力量。一方面，现代公益不再是传统布施式的，当前全世界成熟的公益组织都把推动社会创新作为重要方向和最高追求，以

---

* 南都公益基金会理事长。

获得更长期的效果。另一方面，成熟的基金会等公益组织也拥有资源优势，成为推进社会创新的“发动机”。尤努斯博士用福特基金会80万美元资助创办的孟加拉乡村银行正是一个成功的改变世界的社会创新的典范。它不仅让400万孟加拉穷人受益，还将这种模式成功复制到了包括中国在内的72个国家，众多穷人的命运由此得到根本改变。按照传统扶贫模式，他们只能年复一年地等待政府救济和富人施舍。当前在各国蓬勃发展的社会企业更是民间公益组织推动社会创新的一种重要的模式见证。不管是以社会企业面貌出现的“果壳时间”“善淘网”“欣耕”还是其他的以传统面貌出现的“绿色江河”“声波网”等，2011“芯世界”公益创新奖挖掘出的这些创新的公益项目都让我们感受到了中国民间公益领域蓬勃的创新力，让我们对中国社会创新充满了信心。

当然，鉴于社会问题的复杂性，公益组织仅凭一方之力无法解决，需要政府、公益组织与企业三方通力合作去推动社会创新。公益组织与政府的合作，公益组织与企业的合作，公益组织、企业、政府三个部门的合作，可以产生能量裂变，增加社会资本，产生美妙和弦。“以公益创新推动社会创新”，“芯世界”公益创新奖敏锐地捕捉到了公益组织在社会创新中的动力作用，为公益组织的创新发展搭建了一个开放的合作平台，整合了许多的跨界资源，通过资金支持、能力建设等多角度协力促进中国公益组织的发展。

如果说公益组织是社会创新的动力，那么“芯世界”公益创新奖就是公益组织发展创新的动力。同时，我们也期待更多的企业和基金会加入到“芯世界”这一平台中，期待更多的“芯世界”平台的出现；更多的资源支持中国公益组织的机构能力建设和公益事业的发展，支持民间的社会创新，让我们的社会更加进步，更加和谐。

英特尔的社会责任：推动社会创新

戈 峻*

自1968年诞生以来，英特尔就一直在“创新”理念的驱动下不断地为科技、市场、应用注入活力，带来新的改变，并最终成为行业的引领者。实际上，创新不仅驱动着一个企业的发展，更驱动着人类社会进入空前繁荣的时代。在技术发展、经济增长的同时，我们也注意到，许多新的问题随之浮现：环境污染，气候恶化，教育欠缺公平，社会、社区需要长期发展等，这些都亟待解决。要满足这一系列复杂的新的社会需求，政府一己之力难以覆盖，商业上的繁荣也难以企及，力量薄弱的公益组织无法独立支撑，我们只有建立起合作伙伴关系，整合政府、社会组织、企业等多方力量，拓宽创新内涵和外延，才能不断满足社会的需求，切实解决社会问题。这一理念和方式方法，就是社会创新。

“芯世界”公益创新奖的举办，正是英特尔在推动社会创新方面的有意实践。2010年在民政部社会福利和慈善事业促进司的指导下，英特尔首次推出“芯世界”公益创新奖，以评奖的形式彰显对公益创新、社会创新的鼓励、认可与支持，并通过信息技术能力建设培训和持续的专业技术志愿者服务，来提高公益组织应用信息通信技术的意识和能力，从而推动社会创新。经过一年的尝试实践，我们遇见了许多的同行者，在大家的鼓励和支持下，2011“芯世界”公益创新奖平台资源进一步扩大，

* 英特尔（中国）有限公司董事总经理。

对公益组织的资助范围也从技术应用覆盖至协同合作、倡导创新等领域，资助模式更加多样化，形成了“评奖－资助－交流展示－培训”长链条资助模式，为公益组织创新提供更多专业资源支持，以公益创新推动社会创新。

在2011“芯世界”公益创新奖评选中，诸多富有创新理念的公益组织都积极参与，优秀项目的不断涌现，使我们倍感惊喜，深受鼓舞。无论是在信息技术的突破应用，新的倡导方式的使用，还是在整合跨界资源协同合作，进行低碳环保实践方面，这些参与的公益组织都向我们展现了公益领域生机勃发的社会创新景象。为了将这些优秀的创新项目分享给更多对社会创新领域感兴趣的组织和个人，“芯世界”公益创新奖特将这些案例总结、升华，编辑成册，希望能对读者有一定的借鉴意义。

40多年来，英特尔秉持“创新”理念成长为一家大企业。但是，英特尔的目标不仅仅是成为一家大企业，更是要成为一家伟大的企业：致力于创造经济价值并解决社会问题的企业。履行企业社会责任始终是英特尔公司的重要使命，而推动社会创新正是其主要目标之一。我们也相信，能够将经济效益和社会责任合二为一的企业，未来必将成为推动社会创新的一股重要力量。

我们的信心还来自越来越多的同行者的支持。2011年，包括中国扶贫基金会、南都公益基金会、北京万通公益基金会等七家基金会、公益组织，鹏华基金管理有限公司、《时代周报》、搜狐公益等12家机构的参与，使得“芯世界”公益创新奖已成为一个推动公益创新的合作平台，开创了一个新的模式。诚如中国社会科学院社会政策研究中心副主任杨团老师的评价，我们正在搭建一个社会创新的“群”，更多的力量正在向其中汇聚，共同推动社会创新向前迈进。我们期待更多拥有公益理想、怀揣创新热忱的人与我们同行。

目录

走进『芯世界』

善淘网

网络平台上的美丽再循环

从国外引入一种即便已经很成熟的业务模式
也需要结合中国的现实情况考虑如何“落地”的问题
通过有效地使用互联网平台
慈善商店的模式在中国不仅是可行的
而且还能实现更多的功能

苹果公司最新款的 iPhone 4S 上有一个人工智能语音助手 Siri，它能听得懂用户的语音提问并给出自己的答案。自 Siri 问世以来，全球的用户向它提出了五花八门的问题，也得到了各种有趣的回答。其中的一个问题是“请问生命的意义是什么”，Siri 给出的回答只有两个数字：“42”。懂英文的人大概可以很快明白其中的意思，42 的英文谐音是“for two”（为了两个），生命的意义不仅是为了自己，也是为了他人。

善淘网 (Buy42.com) 的创始人周贤对这个回答既惊讶又欣喜，在她看来这是自己经营的事业与伟大的苹果公司在精神和理念上的暗合。用最简单的语言来描述，善淘网是“中国第一家在线慈善商店”。他们接受个人和企业捐赠的闲置或库存物品，经过专业处理后，放在网上销售；普通消费者可以在平台上购买到物美价廉的货品。所有的销售款项用于两个公益用途：一部分用来承付善淘残障伙伴工作中心的运营费用，剩余的部分会直接转入由消费者指定的公益项目，作为公益筹资。于是一次简单的购买行为便不仅是为了自己，也是为了他人。

慈善商店

善淘网的业务模式很清晰，但绝不像看上去的那么简单。在理解它的模式之前，首先要对“慈善商店”多一些了解。

周贤第一次接触到“慈善商店”的概念是在 2007 年。出于对生命意义的反思，那一年，她离开了自己亲手创办的企业，前往英国学习公共政策管理，同时考察了英国的社会企业发展，希望将来开创一项能够兼顾经济效益和社会效益的事业。

但凡在英国待上一段日子的人，大多会注意到遍布英国的慈善商店。这些商店由公益组织开办，多位于闹市或社区的中心，里面销售的是附近居民捐赠的闲置物品，销售所得用于支持本机构的项目和运营。作为一种有效的筹资方式，慈善商店早在一百多年前就已在英国出现，如今全英国有7500多家慈善商店，年交易总量超过4.5亿英镑（约45亿人民币），每年仅通过销售二手衣物就减少了250万吨的碳排放量。

给周贤带来最大触动的还不是这些表面的数字。她注意到二手物品并不等于“二等”物品——事实上，慈善商店里的不少商品几乎还是全新的。很多人之所以捐赠并不是因为东西不能用了，而仅仅是因为自己不需要了，与其闲置浪费还占用空间，不如捐给需要的人。另一方面，普通公众对于购买二手物品也很坦然，形形色色的顾客在慈善商店里挑挑拣拣，丝毫也不会觉得“掉价”。在一些经营“复古”(vintage) 衣服的慈善商店里甚至可以看到很多明星的身影。

捐赠品一般由社区居民自己带到店里，直接交给值班的志愿人员；也有些实力雄厚的公益机构会上门发放专门的捐赠袋。居民把捐赠品装进去，到了指定的日子放在家门口，公益机构会有专车来社区取走。慈善商店在收到捐赠品后通常不会去做清洁处理（因为大家的共识是：保证捐赠品的干净整洁是捐赠者的义务），他们唯一要做的是估价定价，然后上架销售。这些工作大多由志愿者来完成。一家公益机构往往同时经营多个慈善商店，很多时候，一个区域经理加上一群志愿者就足以保证这些商店的有效运营。

在线慈善商店

显然，英国慈善商店的模式同时解决的是社区居民闲置物品的再利用和公益机构的筹款问题，而这两个问题在中国同样存在，甚至更加严重。

人们在处理家中的闲置物品时，要么直接丢弃，要么会捐到偏远地区给有需要的人。后者看似方法简便，实际上却存在着两个问题，一来，所捐的物品在当地并不一定适用（想象一下在一个民风保守的山村穿一件吊带裙）；再者，物流费用很高，存在不必要的浪费，有时物流费用甚至会高过在当地直接购买一件与捐赠品同样的物品的花费。

既然如此，何不将慈善商店这个成熟的模式直接引入国内呢？经过认真的调研，周贤意识到直接舶来慈善商店的模式将会遭遇严重的水土不服，最主要的原因是观念上的差异以及由此带来的行为上的差异。对于很多国人而言，购买和使用别人用过的东西，只是一些所谓“弱势群体”不得已的行为，即便自己对某件二手物品中意，也很少能做到坦坦荡荡地购买和谈论。因此，即便在人流量密集的地区开设一家慈善商店，也很难期望会有足够的捐赠量和购买量。另一方面，国内的公益机构大多不具备开设一家慈善商店所需要的资金，更遑论运营一家商店所需要的专门知识和技能。

这样看来，开设一家实体的慈善商店在当下的中国并不现实。于是周贤转而考虑创办一个网上的慈善购物平台，善淘网的主意由此诞生。在互联网的各项应用中，电子商务无疑是其中发展最为迅猛的一项。统计数据显示，2011年中国的电子商务交易额超过6万亿人民币，目前中国的在线购买者人数超过1亿，其中有相当比例的“道德消费者”(conscientious consumers)，他们不仅在意所购买的商品本身，也在意在商品的生产和消费过程中所产生的社会效益。

互联网的好处之一就在于它超越了地域的限制，能够接触到更广泛的人群。尽管消费二手物品的行为在人群中还不普遍，但其绝对数量不容小视。因而对一家实体店来说可能面临顾客不足的情况，对一个网络店而言却有着更为庞大的潜在用户群。网上购物所带来的隐私感和便利性也有助于鼓励更多的人购买二手物品。更妙的是，在购物的同时，消费者还可以从善淘网上列出的多个公益项目中选出一个，将自己所付的货款指定用于资助它。于是在“淘”到物美价廉的商品之外，消费者更多了一种“善”的购物体验，网站对顾客的“黏性”也就更强。

经过长达一年的筹备和网站建设，善淘网于2011年1月正式开业。考虑到处理能力和现实需求，善淘网目前接收和销售的主要捐赠品是衣物和饰品。创立之初，善淘网的工作重心之一是扩大捐赠品的来源。由于尚不具备知名度，也没有钱去做广告，善淘网的各位同事向自己身边认识的人发出了一封“江湖征集令”，让大家打开衣橱，盘点存货，找出那些曾经让自己心动而现在却闲置不用的衣物，火速寄来。很快，善淘网就收到了数以百计的各式衣服，有时尚休闲服饰，也有职业套装，还有一些古灵精怪的小玩意儿，它们中的绝大多数都是九成新甚至全新的。因为换季，或者身材变化，或者只是喜好的变化，它们的主人不再需要它们，而善淘网将为它们寻找到新的主人。

善淘网的第一批捐赠品就这样从“杀熟”开始，而后捐赠的来源扩展到了企业和社区。善淘网与拜耳、英特尔等跨国公司的企业社会责任（CSR）部门合作，获得了来自这些企业员工的捐赠，也使企业多了一种实现社会责任的方式。同时，善淘网也与上海的几个社区合作，在社区组织的公益日等活动中设置专门的摊点来收取社区居民的捐赠品。

善淘网新鲜独特的业务模式很快便吸引了媒体的关注。成立至今，善淘网已被各类媒体采访和报道过几十次。这种媒体曝光度带来的直接好处是来自普通民众的捐赠日益增多。如今，善淘网每天都能收到从全国各地邮寄来的捐赠品，有些捐赠人还在包裹里捎上了自己对善淘网的认可和祝福。对善淘网的同事们而言，这些源源不断的包裹和肯定的话语是一种莫大的激励。

不论是何种来源，善淘网对于上架销售的捐赠品都有很高的品质要求。希望能使公众意识到“二手”不等于“二等”，慈善商店更不是处理“垃圾”的地方。在善淘网成立之初，周贤及其伙伴曾应邀对几家实体慈善商店进行过调研。她们发现这些慈善商店在功能上定位于“扶贫”，一面低价销售民政部门收集来的物品，一面也是下岗人员及低保户领取政府救济的地方。店内的商品大多陈旧不堪，店面的环境则给人萧瑟破败之感。这样的慈善商店只会加深人们对二手物品的刻板印象，打消人们消费二手物品的念头。在善淘网收到的捐赠品中，大约有一半是全新的或者八九成新的，可以直接上架销售。余下的一半物品中很多虽然不能直接用于销售，但是可以作为原料由设计师进行闲置改造，制成背包、包袱皮等有创意的新产品来销售。完全无法再加以利用的物品只有很少的一部分，善淘网的团队对此深感欣慰。

作为一家网络慈善商店，善淘网与实体店的不同不仅在于销售方式，还在于存在大量线下的工作。收到捐赠的衣物还只是整个业务流程的第一个环节。接下来，工作人员要对衣物进行分类整理，挑出那些能够直接销售的，仔细测量每件衣物的尺寸并记录，然后用专业的清洗设备进行清洁处理。增加这个环节是考虑到现阶段中国人在使用二手物品时的心理和文化因素，而

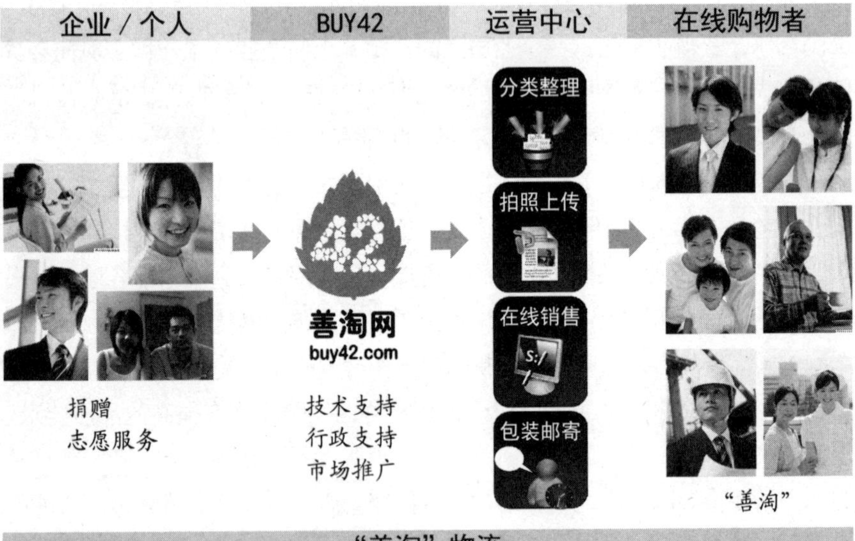

“善淘”物流

这个环节在英国的慈善商店里是不需要的。接下来，衣服会挂在特制的衣架上，有时是穿在模特身上，由专业的摄影师拍照，照片由上海残联阳光心园的精神障碍学员进行处理后上传到网上，并配上衣服的尺码和其他基本信息。这样一件衣服的网上展示就完成了。在消费者选购之后，工作人员将衣物打包，通过与善淘有合作关系的快递公司及时送交到消费者手中。在消费者收到货物的七天之内，如果有不满意还可以无条件退货。迄今为止，善淘网只遇到过为数很少的退货情况，原因主要是尺码不合而非衣物的品质。

值得一提的是，按照善淘网的构想，这些线下的工作将更多地由残障员工来完成。与一般的助残机构不同，善淘网并不主张将残障者当作被动的“需要帮助”的人看待，而是视作有差异但平等的工作伙伴，通过从事匹配其特长的工作来获得收入、成就感和有尊严的生活。夏燕是一位肢体残障者，作为善淘网的第一位正式员工和运营中心经理，她对完善线下工作流程作出了重要贡献。未来，运营中心的业务将更加专业化和标准化，那时善淘网将可以为残障人士创造更多的就业机会。

慈善商店的另一项功能是为公益机构筹款。与英国的慈善商店不同，善淘网并不是为自身筹款，而是作为渠道为其他公益机构和项目筹款。资金的来源一直是制约中国公益事业发展的重要瓶颈之一；与此同时，许多有捐赠意愿的公众却往往缺少有效的渠道来了解和选择自己希望支持的公益机构或项目。善淘网在助学、环保、扶贫和助残等领域精心选择了十几个公益项目，为他们进行筹资。消费者在善淘网上可以很容易地查看到这些项目的背景信息并从中加以选择。除此之外，筹资的进展情况也一目了然，每一个项目下都显示着筹资的目标和目前已完成的筹资额，也可以看到有多少消费者选择支持了该项目。2011 年 4 月，善淘网与上海公益事业发展基金会（联劝）结成合作关系，由后者推荐部分公益项目通过善淘网进行筹资。这一合作既增加了善淘网上公益项目的来源，也进一步加强了筹资机构和项目的公信力。

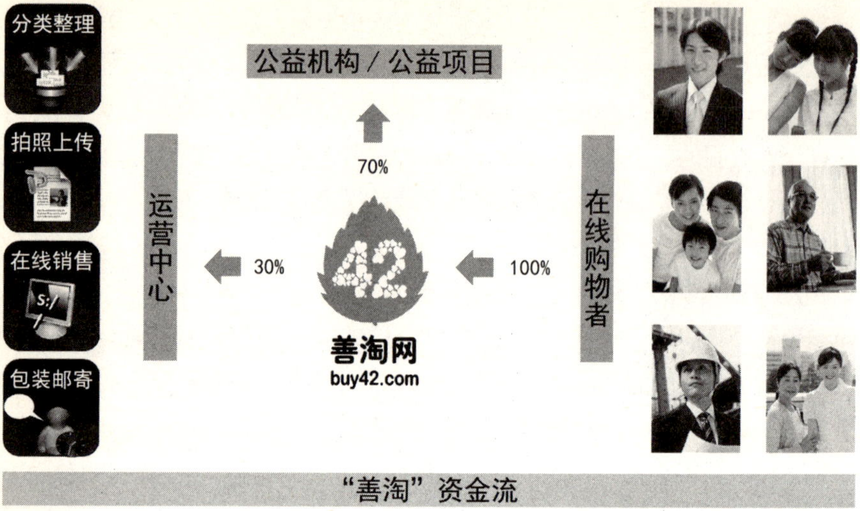

在线慈善购物平台

当慈善商店从"线下"走到了"线上"，能做的就不只是销售闲置物品和为公益机构筹资。善淘网作为一个在线慈善购物平台，能够同时参与解决"筹资、环保、助残和公益普及"等四方面的问题。

在善淘网上销售的并非仅是捐赠来的"二手"物品，还有一些是来自企业和个人的全新捐赠品。曾有企业直接捐赠了一批英国名牌克拉克斯休闲鞋，上架后很快便售罄。香港导演彭浩翔设计的《爱的地下教育》系列产品也曾在善淘网上销售。除此之外，善淘网上也有自己的"一手"产品。这些产品的原料来自于那些不适合直接销售的捐赠品，由设计师重新进行设计开发。在 2011 年上海爵士音乐节上，由善淘网自行开发的"包袱皮"系列大受欢迎，带去现场的样品被抢购一空。未来善淘网还计划推出"有态度的围巾和手镯系列"，以及其他新颖别致的产品。在善淘网上还能看到其他公益机构设计生产的"一手"产品，例如在少数民族地区生产的银饰作为公平贸易产品在网上销售，既节省了中间环节的成本，也为当地的生产者带去了合理的收入。

除了销售更多与公益相关的产品，善淘网还希望利用网络平台的优势在公众中普及公益的理念和意识。善淘网从来没有期望所有来购物的消费者都有着明确的公益目的，是为了自己中意的公益项目筹款才来购买二手物品。事实上，在善淘网看来，那样的消费行为反而不会持久。人们来善淘网购物，首先看重的是物美价廉——毕竟，你还能在什么地方用一折的价格买到几乎全新的时装呢？购物是一种日常行为，"利己"的动机让消费者反复光顾，而每一次购物行为都"顺带"着为公益作了一点点贡献，却不会成为自己的负担。这种"微公益"的方式在潜移默化中将会使越来越多的消费者变成"道德消费者"，开始主动关心和参与公益事业。

善淘网希望通过网络平台建起一个"大家的慈善商店"，让慈善商店变成每个普通人都可以便捷参与的日常公益行为。善淘网的运营总监徐璇曾经指明："慈善商店汇聚的是社区精神，它提供一个愉悦的闲置解决方案，提倡平等互助的理念，这里没有因为施舍的道德优越，没有因为感动的一掷千金，这里是故事和爱的集中地，所有参与其中的人在这里都可以看到一个更好的自己。"在这个平台上，捐赠者也可能同时是购买者，购买者也可能同时是某个公益机构的志愿者，而他们又都可能会成为善淘网的志愿者，为这种新兴的公益事业筹款方式贡献力量。善淘网希望自己最终成为一个网上"社区"，凝聚的是支持一项共同事业的伙伴。

虽然善淘网的网上社区还只是远景，线下的社区却已有了雏形。一些善淘网的忠实支持者们组成了一个叫做"聚善会"的小组。与善淘网的普通顾客相比，这些支持者们不仅是善淘网的捐赠者和顾客，他们更乐于用自己的专业知识和资源来帮助善淘网的发展。作为志愿者，他们中有人做起闲置改造的设计师，有人成了为衣服拍照的摄影师，还有人牺牲"色相"担任业余模特。如今，聚善会已经有近 200 位会员，帮助了 24 个公益项目筹资，他们购物产生的捐赠款超过 24 万元。

盘点善淘网成立至今的业绩，以下几个数字或许是最直观的。截至 2012 年 1 月，在善淘网上进行捐赠和购买的人数已近 7000 人，通过善淘网已为 24 个公益项目筹资超过 36 万，在善淘网上销售的二手闲置衣服超过 3000 件。一件衣物从生产到消费的碳排放高达 47 千克，如果能够重新利用一件闲置的衣服，其减少的碳排放等同于种植了 20 棵树。

在善淘网上，善淘的团队们引用了美国社会学家玛格丽特米德的一句话来回答“为什么要做这样的事”：“永远不要怀疑，一小群有想法、肯付出的人竟能改变世界——事实上，世界正是这样被改变的。”

或许，这也正是善淘网的团队们对于“生命的意义是什么”的共同回答。

（访谈兼撰稿：顾远）

案例点评

善淘网的优势在于它的巧妙定位，让捐赠者、买家、公益组织受益，营造一个利己利他的多赢局面，并利用互联网的规模效应和可及之范围，撬动一个崭新的可持续发展的业务模式，激发潜在的经济和社会效应。善淘网的成功，很可能会催化一种价值观导向的消费模式，引领 21 世纪“市场营销 3.0”的到来。

善淘模式的发展潜力，在于需求的普及性、模式的可推广和可复制性，为第三部门的可持续发展提供了灵感和思想的源泉。就如何更好地利用众多的二手或全新的闲置物品，发挥其应有的效应，进行了有益的探索。

善淘网在以下两个方面进行了积极的探索。

1. 善淘网的互联网效应。互联网模式有可迅速扩大的基因，而且社会化媒体的传播方式和表现手法也可以吸引更多创投资金的关注。

2. 所有透明数据的在线即时表达。在难以衡量社会影响力和透明数据的公益领域，善淘网的这个即时数据呈现的方式，既能得到更多的社会资源和创投资金的信任，也能给予公众和创投根据公布数据自行分析其效率和社会影响力的空间。

如果所有的社会创新企业或者组织都能够做到或者努力做到以上两点的话，整个公益行业的发展将会有格局上的改变。

点评人：杨钟仁　英特尔（中国）有限公司有限首席责任官

机构简介

上海聚善助残公益发展中心是一家社会企业，旨在利用互联网技术，为中国的慈善组织和公益组织提供便捷高效、可持续发展的筹资模式。旗下主营项目“善淘网”是中国第一家在线慈善商店，利用电子商务为基本应用手段，将线上善意消费与线下公益参与有机结合。同时倡导“购买或循环利用二手闲置物品是保护环境，减少碳排放的有效途径”的公益理念，引导善淘网的消费者群体通过改变生活方式和购买观念来更好地保护环境。

网址：www.buy42.com

延展阅读

1. 乐施商店（Oxfam Shop，英国）
www.oxfam.org.uk/shop
2. 美丽商店（Beautiful Store，韩国）
www.beautifulstore.org/Eng

中国绿化基金会
CHINA GREEN FOUNDATION

绿化基金会

探索生态扶贫的全民路径

中国绿化基金会
面对气候致贫的因果链条
以创新性的合作方式和多方受益的理念
吸引不同群体投身其创新型公益——生态扶贫
取得了骄人的成绩

“有了树，就可以抹擦脸油了”—— 一条复杂的因果链条

如果要给老百姓的困窘程度或者不幸程度评奖的话，中国西北部的许多地方都可以列入候选名单，这其中少不了以“苦甲天下”著称的甘肃通渭县，这里的情况是如此糟糕，就连联合国粮农组织也直摇头，叹其“不具备人类生存的基本条件”。

然而在过去的四年，一个令人吃惊的、高效的生态扶贫项目——“幸福家园－西部绿化行动”（甘肃）正在这里进行，数万亩大果沙棘树被种植在通渭县的沟壑和岭梁上。这种树因根系发达、生长快、耐干旱、耐贫瘠，而被誉为西北干旱地区水土保持和恢复生态的先锋树种。

此项目由中国绿化基金会（以下称“绿化基金会”）发起主办，这个1985年成立的老牌公募基金会，一直致力于推进国土绿化，维护生态平衡，广泛发动全社会参与林业生态保护和建设。虽然是老牌公募基金会，但在新的形式下，绿化基金会同样面临如何突破传统绿化项目模式、如何获得更多资源和资金支持等问题。

从生态到生态，项目基于一条复杂的因果链条：通渭县年降水量约400mm，而蒸发量却高达1500mm。这里沟壑纵横，岭梁交错，植被稀疏，自然条件严酷，生态环境恶化，农业种植无法保证。人们不得不开垦荒地，他们广种薄收，靠天吃饭，但依然陷入贫困——基于生存环境的贫困。这种所谓的气候贫困在西部地区尤为常见。当人们的基本生活与生产条件因气候恶劣而无以为继，他们当中的青壮劳力更倾向于外出务工，孩子可能成为“留守儿童”，也可能是“外来打工子弟”；老年人则被留在村中，他们大多无力改变自然，生态环境继续恶化。这种恶化，通常还被认为是东部城市出现诸如“沙尘暴”等极端天气的因由。

一些横向和纵向的“细枝末节”也吸附在这条因果链上。比如这里的小

孩认为“有了树，就可以抹擦脸油了”，他们解释说，因为没有树，导致风沙特别大，如果脸上擦油，则会粘上很厚的土，所以他们几乎都不抹擦脸油。

在那些没有森林覆盖的荒山上进行植树造林来遏制土地荒漠化现象的发生和持续蔓延非常有必要。但在通渭，这些荒山的所有权是属于当地老百姓个人的。他们没有能力自己投入资金开展荒山造林工作。

有着二十余年造林绿化经验的中国绿化基金会决定“接管”这里，并在2007年启动“幸福家园－西部绿化行动”项目。项目在设计上兼顾生态与扶贫双重效益，基金会负责发动和募集社会资金，援助当地贫困家庭种植大果沙棘生态林，村民通过劳动，在保护和恢复生态的同时，从后期的沙棘果出售获得持续稳定的经济收入。

“无偿提供树苗，还有劳动补助，将来果实受益也全归村民。当我们环顾四周并期许掌声的时候，却看到了村民全然不信和怀疑的神情。”中国绿化基金会对外联络处处长费勇直言“很受伤”。

“不能立竿见影，还不如捐条毛巾”——当公益遭遇“实用论”

村民对项目缺乏认同和支持的信心，源于沙棘树的特性。这种古老树种从栽植到大面积结果，正常需要五年的时间，在通渭，因为太过干旱，这个时间还得往后再推一两年。“七年？那你还不如给我一条毛巾或者现在就给我一个什么实惠的东西。”

即便已经过去四年，绿化基金会相关负责人依旧将起初与村民的沟通视为项目过程中最大的挑战。“无疑，项目必须得到村民的支持，这样才能确保有人种树，有人管护。但无论我们描述的未来有多么美好，能给他们带来多少好处，你所能得到的除了怀疑还是怀疑。”

绿化基金会最初带着“幸福家园－西部绿化行动”（甘肃）生态扶贫公

益项目到通渭的时候，除了和通渭县政府、林业局反复沟通之外，还深入乡村开展村民的入户访谈，详细了解村民对于种植大果沙棘生态经济林的想法以及看法，并根据村民反馈的需求，不断拓展与乐施会、联合国开发计划署等国际机构的合作，在动员村民种植大果沙棘的同时，为他们配套修建乡村道路，修建水窖，资助村民家庭养牛，等等。通过这些短期实惠项目的开展，逐步使村民了解并接受“幸福家园－西部绿化行动”的项目理念，从开始的怀疑渐渐到半信半疑，到完全接受并最终达到认同支持。

在整个项目实施过程中，通渭县政府对项目表现出了足够的认可和支持。他们认为“幸福家园－西部绿化行动”能够促成当地造林计划和扶贫任务的圆满完成，并以此缓和和当地村民的关系，实现政治上、名誉上、经济上的种种好处。”

为了让村民对未来保持乐观，使项目保持应有的质量，项目组特意引入了专业的农林公司，前期负责优质大果沙棘苗的培育，指导农民按照技术要求和栽植标准种植沙棘树并进行相应管护。后期则负责建厂收购村民的沙棘果，解决销路问题。

项目最终形成了公益机构主导、政府部门支持、专业农林公司介入、贫困家庭参与并受益的“四位一体”模式。“这是一个多方参与、多方受益的设计思路和实施方案，它使项目得以开展并有序进行”，费勇说，“有了这个基础，我们开始编织宏伟蓝图。”

开放公益平台，以创新实现合作共赢

这条宏伟蓝图有着最简洁的描述：七年时间内，每户家庭 2000 元，种植五亩沙棘林。总计帮助九万户贫困家庭，完成 45 万亩沙棘生态林的种植。

“以此计算，仅在通渭这个试点就需要投入 1.8 亿巨资以确保项目的可持续运转”，费勇说，“尽管中国绿化基金会拥有公募资格，但平台吸引力有限，困难依旧很大。”

一个偶然的机缘，项目组接触到了东南卫视品牌拓展部的人，探讨合作的可能。经过不断的沟通，2009 年 3 月，双方决定发起“中国网络植树节”大型全民互动在线植树公益活动，通过互联网为社会公众搭建一个便捷参与植树造林和消除贫困的公益平台。绿化基金会最大限度地为战略合作伙伴东南卫视提供充分开放自主的合作平台。“这样一来，对方的感觉是不一样的。因为是自己的品牌项目，东南卫视投入了很多的资源在里面，包括各种线上线下活动的策划、宣传、动员和推广。有两个很有意思的现象：第一，东南集团所有人都知道中国网络植树节，它已经举办了三届；第二，他们所有的栏目在做节目的时候都会跟品牌拓展部的人问，怎么能把你那个树对接到我的栏目中来。比如，《东南音乐劲爆榜》栏目就曾经送给我们 100 张内部票，用作网上有奖竞植，一度挤爆了服务器”，费勇说，“而绿化基金会这边也在各种活动中都带上了东南卫视，对它的品牌塑造起到了很大的作用”。

跟东南卫视的成功合作，让项目组对“幸福家园－西部绿化行动”有了新的认识。一是让“幸福家园”项目成为一个开放的公益平台，所有热心、认同和愿意给予支持的机构都可以加入进来，这样项目就可以在更多的平台上得以展示，资金来源也将更为广泛；二是在任何时候都要将合作机构的利益放在第一位，针对每个合作伙伴的具体需求和要求以及平台资源特性，量身定做合制方案，以实现共赢的效果。

基于这样的认识，项目开始了一系列的战略合作。其中与腾讯公益对外建立了以“网添绿色”月捐项目为品牌的战略合作，号召腾讯网友每月捐两棵沙棘树（10 元钱），用这种小额持续的方式来倡导大家去关注生态。与淘宝网对外建立以“淘宝会员爱心林”为品牌的战略合作，并建立“e 路绿荫”淘宝网店。在这里，公益被当成一种消费的需求，网友购买虚拟树苗，货款进入中国绿化基金会的捐赠账户，用于西部植树。与支付宝公司对外建立以“我付我的碳排放”为品牌的战略合作，号召支付宝会员在甘肃通渭县新景乡共建“支付宝会员林”，在改善当地生存环境的同时，中和自己因享受现代生活排放的二氧化碳，成为“低碳达人”，共建幸福家园。与气候组织对外建立以“百万森林”为品牌的战略合作,包括“低碳生活”和“我要一棵树”两部分。其中“低碳生活”主要是倡导公众关注当前的气候变化,真正做到“低碳”，让生活绿色起来。“我要一棵树”则是倡议大家从意识出发，真正付出一些行动。这些基于共赢的创新性战略合作，最大程度地发挥了各自的平台优势，使项目得以迅速发展，取得了许多令人艳羡的成果。

公众参与，人人受益

“幸福家园－西部绿化行动”项目在募款的过程中，有很多人提出疑问。一是树种在甘肃，非常的遥远，我看不见；二因为遥远，我没法亲自去参加体验植树的过程。“起初，我们并没有太在意，但当这个问题被问的比较多的时候，我们就希望能够有一种方式，去解决这样的问题。”费勇说，“经过分析，项目组发现现在网络生活和现实生活的重合越来越多，能不能将线下的植树搬到线上，一方面可以募款，一方面又能增加用户的体验。于是我们做了 e−tree 这样一个网络植树的网站。”

从本质上讲，“e−tree 网络植树”是一个募款平台，因为用户在 e−tree 上种树是按照每棵树五元的援助标准来实施捐赠的。但一个很有意思的体验是：用户可以时时观察到树在不同生长阶段的颜色改变，而且需要做一些虚拟的浇水指令才能保证树的健康成长。“之所以设计这个环节，一是我们希望让大家在做公益的时候，有一些不同的体验。我们想通过这个传递给大家的是，公益也可以是一件很快乐的事情——你很努力地付出，然后很快乐地去享受你付出的成就。二是想告诉大家，种树本身很简单，但是让种下的树健康成活，并且得到很好的结果，其实是个很艰难的过程，需要很多人付出过程中的艰辛，才能达到最后的结果。这种艰辛恰恰是我们的项目在现实中的写照，在通渭这样恶劣的自然条件下种树，本身就不是件容易的事。”

e-tree 自 2009 年 7 月上线至今，已有 50883 名网友参与网络植树，捐赠金额达 6490666 元，用以支持“幸福家园 – 西部绿化行动”（甘肃）生态扶贫项目。具体包含：截至 2011 年 9 月 5 日，腾讯“网添绿色”月捐项日已有 102272 名腾讯网友参与，捐款 3387061 元人民币支持“幸福家园 – 西部绿化行动”（甘肃）项目；淘宝网“淘宝会员爱心林”吸引了十几万淘宝会员，捐款 170 多万；支付宝“我付我的碳排放”项目吸引 16975 名支付宝会员，捐赠善款 305589.34 元。这些数字还在持续增加。

除了虚拟的网络种树，“幸福家园 – 西部绿化行动”还与联合国环境规划署、东南卫视、腾讯等机构开展了名为“为爱远征”的线下活动，通过组织生活在城市中的社会公众、机构和企业，前往国内外的国家级自然保护区、国家公园、生态脆弱区等，以亲身的经历了解森林、湖泊、湿地、荒漠和生物多样性，从而懂得敬畏自然、热爱自然和学习理性思考人与自然的关系；发自内心地，以随手可行的力量，加入保护自然、保护地球的行动中。截至目前，该活动已举办四期。

“e-tree 网络植树和‘为爱远征’线下活动，代表了我们的公益理念，即重视捐助者由救助型角色向参与型角色的转变。我们通过一些多元化的选择将捐赠者拉进了项目，让他们很容易地参与进来，而且可以非常快乐的享受它带来的成就感。这是一个相互给予的过程，而这种感觉和真实的体验过程是公众相信公益并能够促使公益持续下去的最好的理由”，费勇说。

开放的公益平台，具有创新性的战略合作，加上多元化的参与方式，使得“幸福家园 – 西部绿化行动”项目走上了“公众参与，人人受益”的生态扶贫路径。也使得项目有了 向其他地方复制和拓展的深厚基础。绿化基金会计划自 2012 年开始，用三年时间援助广西来宾市金秀县 3000 户贫困家庭，每户种植 1000 棵亮叶杨桐生态经济林。

（访谈兼撰稿：刘少锋）

案例点评

近年来，公益机构的发展在中国备受关注。但这些机构在发展过程中却面临诸多困难，公信力、财务透明度、公众参与度、项目可持续性等问题日益凸现。很多组织将大部分精力和资源放在了相关工作领域的研究和宣传上，但能产生实际效果的物理型项目却很少，且大部分物理型项目均以短期或一次性援助类为主，缺乏长期的可持续性。很多项目都是昙花一现，大力宣传一番之后就淹没在万花丛中了，且这些项目本身的财务管理层面会带来很多不透明的质疑。“幸福家园 - 西部绿化行动”生态扶贫公益项目之所以能够成功，就在于其在项目的设计和执行过程中很好地解决了上述的一系列问题。

在全球变暖的大前提下，此生态扶贫项目利用公众参与的方式募集资金，多方协作，开发出完整的、可持续的农业、林业产业模式，修复贫困地区生态环境，支持贫困地区发展，并从减缓及适应两方面应对气候变化。经济生态林木的种植不但有助于修复生态、减少二氧化碳的排放，也能够减少当地的环境脆弱性，提高整个地区的气候变化适应能力。“五元钱一棵树”的口号可以从最简单的方式来简化财务分析，相关财务管理报告的公开更增加了财务的透明度及组织的公信力。联合国环境开发署的支持为项目的管理提供了高效有力的支撑，并进一步提高了项目公信力。网络平台、电视媒体的宣传以及“为爱远征“等线下活动为相关机构、媒体以及广大群众提供了广泛的参与平台。合理的利益分配方式使当地群众把项目看作是自家的事情，积极参与并备加珍惜。整个产业链的完善更让相关参与者形成合力，保证了项目的可持续生命力。

要想改善生态环境，就必须从源头开始治理。要想帮助农民脱贫，就必须让全社会都能参与。“幸福家园 - 西部绿化行动”的模式为更多的项目开发提供了一个很好的参考模式，也为机构的发展提供了一条新的思路。

点评人：李宁 亚洲开发银行顾问

机构简介

中国绿化基金会是经国务院批准成立、民政部注册的全国性的公募基金会，是中国生态保护和建设领域最具社会影响力、最专业的基金会，是发动社会公众参与最广泛、募集民间绿化资金最多、覆盖生态保护和建设项目最全面的基金会。

项目官网：www.e-tree.org.cn

延伸阅读

1. 拯救民勤

www.minqin.cn

2. 气候变化与贫困——中国案例研究

www.oxfam.org.cn/down_s.php?id=99

3. 百万森林项目

www.millionforest.org

2. 微软 I'm 计划

https://im.live.com

我是谁 Who am I ……
……我们是 1+1

一加一

残障公益不走寻常路

一直致力于从根本上改善残障群体生存环境的一加一
走出了一条不同寻常的持续创新之路
让残健之间“天堑变通途”
使残障公益迸发出不可思议的活力

残疾人与狗不得入内—— ~~歧视 忽视 俯视 仰视~~ 正视 ☑

2009 年 10 月 8 日，南昌百盛商场门口上演了“残疾人与狗不得入内”的荒唐一幕。由于担心商场内设施损坏以及安全考虑，坐轮椅的残疾人、盲人都被商场列入禁入名单，与宠物、吸烟者一道出现在百盛商场玻璃大门上的禁止标志行列中。这种赤裸裸的歧视，让解岩及其北京一加一残障人文化发展中心（以下简称“一加一”）感到无比震惊和愤怒，连发檄文“求解释，求道歉，求行动”，一时舆论哗然。

这家为视障及残障人提供服务的老牌公益机构自 2006 年成立以来，一直致力于从根本上彻底改善残障群体的社会生存环境。因骨癌致残的解岩与视力不足 0.1 的傅高山是一加一的创始人和负责人，机构 18 名员工中有 14 名是残障人士。在最初的几年，广播被视为机构最理想的工具之一。他们建立了中国第一个由视障人组成的广播制作团队，并成为中国奥运史上第一个残障注册媒体，开播了中国第一个为残障人服务的类型化网络广播。

在解岩看来，残障人士面临诸多问题。从“残废”到“残疾”再到“残障”，称呼的变化依旧无法根本消除“歧视”的存在，即便是百盛这样的大企业在骨子里仍然有“残疾人与狗不得入内”的观念。而特定时期的“关照和重视”同样不能掩盖社会对边缘群体的“忽视”，当奥运会、残奥会的烟花散尽，一大批无障碍工具、设施无影无踪，甚至残障人也难觅踪迹。

虽然政府政策硬性规定一定规模的企业必须按比例吸纳残障人士就业，完成任务的有奖励，不予吸纳的给予惩罚，但一些大的企业则是面对奖励“不稀罕”，面对惩罚“不差钱”，他们认为残障人士的加入，只会带来不便和麻烦。一种对残障人士的所谓关心型的“俯视”也经常出现在公众眼前。

尽管公众对残障人能做什么仍旧表示怀疑，但他们依然对媒体所塑造出来的“样板”——那些身残志坚，出类拔萃的残障人——不吝溢美之词并为之感到遗憾。

“这种歧视、忽视、俯视、仰视的生存环境，带来的直接后果是加速了残障人的‘隐形’和‘失声’，使残障人失去了平等参与社会生活，甚至是残障事务的机会，也逐渐丧失了平等参与和表达的能力。这也是为什么中国的残障人士多达 9000 万，可你在街上却看不见几个的原因”，解岩说，“反过来残障人的‘隐形’和‘失声’又加剧了社会近乎‘集体无意识’的以‘健全人中心’的角度认识残障的事实。”

一加一认为，一个合理的方式是让公众“正视”残障这个庞大的群体，尊重差异，并创造条件，让他们融进社会，平等地参与社会活动。“但期望公众在时间的累积中慢慢改变，显然不如提供一个平台，持续发出残障群体的声音。”

持续发声，让差异变成意义

“让差异变成意义”是对一加一机构使命最简洁和最准确的概括。因为健全人与残障人之间的差异常常会被视为问题的起源——造成不平等的原因，侵害的导火线，分歧以及痛苦的根源。

最初的尝试来源于网络。2006 年，一加一制作了一档俏皮搞怪的播客节目《点点评天下》，评论一周新闻时事，获得了不错的点击率。在互联网上，这个团队如此轻易地以追求平等的无意识隐去了自己残障人的身份，但他们很快发现，这种平等极其脆弱，因为“连我们自己都不想弄清楚我们是谁，又怎么要求社会平等地对待我们”。

“对于公众来说，我们的残障是显性的，无法回避，唯有坦然面对”，解岩说，“也只有基于这种显性的差异，一加一的存在才有意义。”

显而易见的是，以广播作为最大爱好和终生伴侣的视障群体，在国内并不容易找到专门为他们打造的节目，即使有，其制作者也通常是健全人，身残志坚和创造奇迹是最常见的选题。

一加一组成了一支 18 人的庞大广播制作团队，他们中的 14 人是残障人士，通过培训和借助各种无障碍应用，他们能够自如地制作出专业水准的广播节目。这些节目首先面向残障群体，它的特点在于，面对差异，制作者是如此了解受众的需求，他们能够选择更为精准的内容。视障人自己最知道哪些信息更为有用，哪些渠道和方式更有利于残障人士获得无障碍的信息补偿。在过去的五六年间，一加一制作了不同类型的广播节目，从残障人的角度关注现实，关注社会，并为残障人提供最新的生活咨询和经验分享。一些品牌节目诸如《中国残障人观察》《视障热线》等在国内七十余家广播电台获得播出机会。

近几年的几个重要的盛会成了一加一“借力”和展示的舞台。上海特奥会、北京残奥会都被视为集中推广机构理念、改变公众观念、推进无障碍概念的重要时机。“残奥会给所有残障人一次机会，一次让社会了解残障人的机会，也是一次残疾人向社会展示自我的机会。”一加一没有错过这样的机会，他们在 2008 年残奥会期间，独立制作了区别于主流媒体形态的百期公益宣传片《爱上残奥》，邀请 100 位不一样的残障人士讲述自己的故事，并成功注册了中国第一个盲人记者证，从残障人的视角解读奥运，报道奥运。

李宁是一加一广播节目的主持人，她曾无比沮丧——“我从小学一年级就知道，我以后是要做按摩的，一辈子也就望到头了。”但一加一却对此说“不”。作为广播制作团队，面对残健差异，他们创新了残障人的职业模式，开发残障人的潜能。他们以自身的经历证明了视障人完全能够具备广播节目制作的基本素质和能力，借助无障碍技术外加一颗勇敢的心，他们甚至可以成为注册记者、私人顾问、IT 从业者、速录员和优秀的摄影师。

作为一个特殊的民间NGO，一加一同样肩负着公民教育和公众倡导的重要使命。他们以广播节目为平台，为残障人提供表达意见的机会，放大来自残障视角的声音，试图改变整个社会对于残障的认识，消除残障人群与健全人群之间因为差异、因为不了解而产生的误解和偏见。推动社会对残障人士的接纳，呼吁尊重残障人士的能力而非其自身的残障。

“一加一的最大价值不在于证明健全人能做的，残障人也能做，不在于为残障群体提供了多少有用的信息，它最大的价值在于为残障人和健全人架起了一座桥梁，使社会公众能够从另一个视角，一个更为平等的角度看待残障，让差异变成意义”，解岩说，“一加一一直在寻找能够诠释和丰富这种意义的项目，盲人摄影就是其中之一。”

一加一发展历程

2011 年 7 月	成功注册为民办非企业单位
2010 年 12 月	成为亚残会第一个注册的残障媒体
2010 年 1 月	《中国残障人观察》落户中央人民广播电台，成为其其特约记者
2009 年 10 月	就百盛事件举行国内首个反歧视行为艺术
2009 年 5 月	举办中外盲人摄影展
2008 年 8 月	成为中国奥运史上第一个注册的残障媒体和记者
2008 年 8 月	网络广播开播
2008 年 6 月	《爱上奥运》广播宣传片在 150 家电台播出
2007 年 10 月	作为注册媒体参与上海特奥会报道

如果不能看到，为什么要拍下来

2009 年 5 月的一天，李宁对着汽车的后视镜按下了快门，27 年来第一次用相机记录下了自己在镜子前的样子。这张被描述成“瘦瘦小小，梳着齐肩直发，笑的很甜”的照片连同其他 15 幅摄影作品随后出现在北京的三里屯 Village 橙色大厅。当得知这些作品全部出自一加一的八位盲人和视障者之手，前来观展者无不震惊：盲人怎么还能摄影？

先天性失明的青风在初次接触相机的时候也有着同样的疑问，甚至觉得很别扭，像是在“作秀”，他认为盲人拍照没有意义，自己看不见，别人也觉得奇怪。而来自英国的盲人摄影培训师马修则称“盲人的摄影可能更有力量”。

马修所在的 Photo Voice 是一家非营利机构，长期从事教盲人学习影像语言的培训项目，并在其他一些国家进行教育传播，其目的是为了寻求通过影像语言来搭建盲人和正常人之间的沟通桥梁。当傅高山得知有这样的项目后，表现出了极大的兴趣，因为“一加一希望能找到更多的方式让残障人士被社会了解，盲人摄影显然能够起到这种作用，因为它足够意外而且具备极强的冲击力”。通过联系，英国 Photo Voice 机构的两名培训师来到了中国，开始对他们进行摄影培训。

“在这个世界中，视觉世界是占主导地位的，没有人应该被孤立在外”，马修说，“这个项目就是帮助被社会边缘化的人群，而不仅是盲人，享有同样的摄影的权利和机会。让人们了解到盲人的内心世界，因为这是一个同样丰富多彩的世界。”

“不堪入目”，全盲的青风形容想象中自己拍的照片。“但事实证明拍摄出来的作品让人充满欣喜，这些作品在三里屯和其他几个地方的展出反响非常不错，吸引了很多媒体的主动报道”，高山说，”这个项目提升了视障参与者的自信心，让他们感到快乐，更重要的是参观这些照片的观众发生了改变，他们开始愿意去了解我们的世界、我们的所思所想、我们内心的各种感觉，这一切对常人来说是未知的。以照片为媒介，我们表达了自己，也增进了了解，这有助于消除公众对残障人群的歧视、忽视和俯视，改善残障群体的社会生存环境，这是一加一努力的方向。”

青风说他仍然没有勇气独自外出拍照，“周围的人可能会说我神经病”。但他说，等有了足够的自信，他将会那么做。

残障公益永不止步

一加一通过不同寻常的项目让残障人的生存环境有了微妙的变化，但一些现象时刻提醒着他们，这种变化仍旧非常脆弱。“你在大街上依旧看不到太多残障人的身影，而他们的人数却有 9000 万之多。你不得不说他们仍生活在联合国所谓的‘无声的危机’当中。”

这使得一加一无法停下脚步，无法停止创新。正如一个残障人在实现与健全人眼中的任何一个普通目标时，都需要付出足够的努力，以及使用独特的方式一样，一加一努力并坚持着不同寻常的创新项目，他们将这种创新过程称之为“没有困难，只有方法”，这更像是一种决心。

正在不断完善的声波网（www.shengbo.org）被认为是下一个有力的工具。它由网络电台演进而来，使用了大量创新性的无障碍技术应用来促成残障群体的社群化，并形成以音频为纽带的残健互相了解、相互表达的主流平台。在这个平台上，一加一以往所有的成果将得以集中展示，一些新的项目被接入，一些新的火花在碰撞中产生，残健沟通的距离被拉近，一加一“改善残障群体社会生存环境”的理念和种种方式将借助互联网的力量得到最广泛的传播。

（访谈兼撰稿：刘少峰）

案例点评

作为一家关注盲人的机构，一加一的可贵之处就是以一种公民社会的视角来看待残障人的发展。中国关注残障人的组织并不少，很多时候残障人也会把自己看作当然的弱势群体，但是一加一是个对残障人拥有优势视角的机构，对他们来说，盲人不是命中注定的弱势，而是拥有自己独特视角和独特能力的人群。有的时候把残障人士中奋斗成功者视作英雄可能反而使得人们会忽视整个人群的真正力量。一加一不寻求这些残障人中间那些英雄般的奇迹，更不是要成为人们可怜救助的对象，他们承认自身的差异，他们更要求的是普通人的权利。因为承认这种差异，他们发现自己可以给世界一个新的视角。无论是广播还是摄影，都为这个世界补充了新的文化视野，同时也丰富了这个世界的多样性。因为强调自身的权利，他们举起了反歧视的大旗，不管这种歧视是赤裸裸的，还是在慈善的包装下，他们都旗帜鲜明地反对。这种对歧视的敏感和对权利的尊重，是很多健康人所欠缺的。也正因为如此，在这个机构的团队成员身上所展现出一种公民的勇气，难能可贵。这是自助，也是他助，它打通的不仅仅是残健关系，更是走在这个世界的前面。虽然这未必会让一些人舒服，但是这个世界理应给他们更大的空间和尊重，因为尊重他们的权益也就尊重了所有人的权益。

点评人：朱建刚　中山大学社会学与人类学学院副教授

机构简介

一加一（北京）残障人文化发展中心是由一名肢残人和一名视障人士共同组建、由残障人自行管理的非营利性公益组织。一加一从残障人视角出发，通过提供专业的技术、管理等方面的支持性服务，实践和创新残障人士的职业模式，提升中国残障人士及残障人自助、他助型社会组织的综合能力，优化社会资源，推动社会对残障人士的接纳，改善残障人士的生活品质，促进其可持续发展。

网址：www.oneplusone.org.cn

延伸阅读

1. PhotoVoice

www.photovoice.org

2. 优爱助残公益服务中心

www.youreye.org.cn

3. 同人助残

www.1205.org

4. The Camden Society

www.thecamdensociety.co.uk

5. Epic Arts

www.epicarts.org.uk

未来光锥
这个世界会好吗？
科技，人文，社会创新
平等对话，彼此拥抱
共享更美好的世界未来
未来光锥，每个人都在创造！

所谓理想主义
在每一个善意的努力下，表达自由，沸腾热情，始终如一
但不言轻信，不语盲从
对彼此的趣味、自由与梦想更多宽容
愿从容分享智慧，愿奋力改变世界
果壳时间，向未来问好

果壳时间

赛先生也很酷

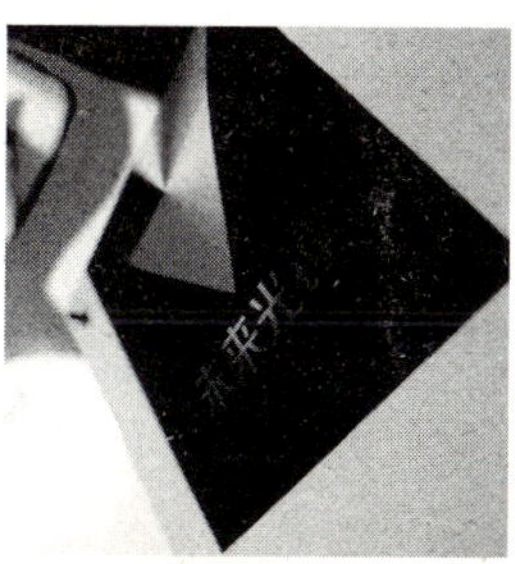

缘起

2010 年 3 月 14 日，是一个下雪的周日，在商务印书馆涵芬楼二层，知名的民间科普团体“科学松鼠会”组织了一场名为“达尔文的意义”的科普讲座，主讲人是芝加哥大学演化生物学系的终身教授龙漫远。龙漫远，这个赋有中文古意的名字，在大众眼中是陌生的，但是在生物学，尤其是演化生物学界却是声名远扬。因此，讲座现场的 100 多位观众，大部分是慕名而来的年轻学者，以及对“演化论”感兴趣的科学爱好者。

“达尔文所开始的演化理论是如此地易被误读，以至公众的印象常常与演化科学研究观察得到的结果大相庭径。我将讨论演化科学几个最基本的概念和理论，分析和解释基因起源的过程，并分享基因起源过程中一些美丽的现象。”这是龙漫远教授亲自拟写的一段讲座简介。“这段优雅的文字吸引了我。于是，我决定在那个寒冷的周日去听一场科学讲座，但是没有想到，这个讲座，是我人生的转折点”，田晨（后来的果壳时间制作人）这样回忆道。

“两个多小时的讲座中，几乎可以用着迷来形容自己的状态。龙老师用他抑扬顿挫的四川口音讲述着到底什么是演化论。这样的语调，总让我情不自禁地想起李白或是杜甫。”当时，田晨已经从广告公司辞职两个月，她正考虑做一点跟公益相关的事情。一种职业习惯让她涌起这样的念头：“讲座内容真的很好，可是如果 PPT 能做得更美一点，讲座的整体体验可以再策划得更精致一点，那么也许会吸引更多的城市白领来聆听，科学讲座也可以是性感的。”

用真正的梦想去凝聚趣味相同者

在科学松鼠会的创始人姬十三（网名）看来，只有真正的梦想，才拥有绝对的凝聚力，并值得一生去坚持。科学松鼠会在早期是一个松散的志愿者团体，由复旦大学神经生物学博士出身的姬十三，带领一群同样爱科学的年轻人在2008年4月创办。他们凭着自身扎实的科学功底，对新媒体娴熟的运用，用包括写科普文章，组织看片会等各种有趣的方式向大众解释深奥的科学原理，向公众普及科学知识。

田晨关注科学松鼠会很久了，也一直订阅科学松鼠会的博客。龙漫远的讲座后，她主动找到了姬十三，她的本意是想与姬十三探讨是否有这样一个可能——运用自己10多年来网络广告及活动策划的专业积累，帮助科学松鼠会策划一些更精致的科普讲座？姬十三直接反问田晨："你喜欢美国的TED大会吗？我想搞一个和TED一样的项目，是一个区别于科学松鼠会的独立项目，你是否有兴趣？对于同样是高科技爱好者及TED粉丝的田晨来说，这是一个再好不过的主意。"

"我猜想姬十三认为我可以合作，有可能是因为他难得遇上一个不用那么费力解释什么是TED，同时又愿意亲力亲为投入此事的人。"田晨的父亲是一名生物化学家，从小受父亲的熏陶，田晨热爱科学，但因为自己的性格太过"坐不住"而选择了工商管理这样的专业。1998年从南京大学毕业后，正赶上互联网的第一波创业大潮，于是她成为搜狐网的第48号员工。此后，她还在雅虎中国、千橡互动和一家网络广告公司工作，从一名策划一直做到在行业中拥有相当口碑的策划主管。"2010年，我34岁，我在想我的人生不应该只是创造无穷多的PPT和网络广告，也许我的专业和人生积累可以做一些更有社会意义的事，我不知道这算不算也是一种中年危机。"当然，对于姬十三来说，田晨这样的职业履历和管理经验正是他需要的，做中国的TED，需要一个专业化的团队，而不仅仅是志愿者。

桔子（网名），是个骨灰级松鼠，松鼠会刚成立时便成为会员，为松鼠会写些浅显易懂的科普文章。那时她还在美国芝加哥大学攻读细胞生物学博士。松鼠会对于她而言是"自己人的圈子"，与姬十三的感情也"特别铁"。

不过，那个时候桔子并没有想到在两年以后，她这个美国常春藤大学毕业的女博士在回国后，会放弃在美国改专业攻读公共卫生硕士的初衷，留在国内和姬十三等松鼠们一起去实现“剥开科学的坚果，帮助人们领略科学之美妙”的梦想。

小蝉，做了五年的旅游管理，厌烦了公司里的勾心斗角尔虞我诈，想好好地给自己放长假时，一个松鼠迷介绍的松鼠会引起了她极大的兴趣：科学松鼠会？和养松鼠有关系吗？这该是多有趣的一个地方。在怀着好奇心认识了姬十三后，小蝉便跨入科学的门槛。

米兜（网名），武大药学院的毕业生，到北京的理想曾经是考电影学院，但在与姬十三过招后，他的人生也彻底调转方向，成了科学讲坛的一名策划编辑。

淳子（网名），这个2010年毕业于中国传媒大学，长发飘飘的年轻姑娘是个狂热的科幻迷，可以逃课，然后从东五环坐地铁换乘公交折腾到西二环，自己掏钱买票，只为能参加科学松鼠会举办的“科学嘉年华”。姬十三被这姑娘的科学热情打动，便收了她成为实习生。

祝涛，原本在贝塔斯曼负责运营和数据库管理，早就耳闻科学松鼠会大名的他在看到松鼠会的招聘信息后，没怎么犹豫就提交了简历。

2010年3月底，一个新的团队成立了，在姬十三和田晨的带领下，他们有了一个共同的目标——成立一个NGO并启动中国第一个精品科学讲坛：果壳时间。

一帮人想把事情做好，才能把事情做好

2010年5月23日与7月3日，果壳时间第一期“新能源试用装”、第二期“沟通未来式”在北京“内测”；2010年9月5日，果壳时间第三期“生命的修复”

在上海正式亮相;2010 年 11 月,北京朝阳区哈赛科技传播中心(下称“哈赛”)以民办非盈利机构的身份在朝阳区民政局登记注册,田晨担任副理事长和果壳时间制作人,自此由哈赛来正式运营果壳时间。除了果壳时间,哈赛还管理着以科学松鼠会为旗舰的科普项目群,以及多个与科学相的关公益项目。

田晨对果壳时间团队提出高品质要求:参照 TED 标准去做,“对品质的追求,能够促进团队快速成长”。但田晨也一直在提醒自己,果壳时间绝对不是她一个人的作品,而是团队作品,一帮人想把这个事情做好,才能把事情做好。只有让团队每个成员对果壳时间产生拥有感时,才能发自内心地想把事情做好。

当然,田晨也承认刚开始时,大家并不知道怎么做,对于所做事情并没有信心。做策划出身的田晨带领团队先做出项目策划书,包括项目理念、定位、品牌调性、然后帮助团队成员建立起工作流程,工作才慢慢地走上正轨。

“懂得去发挥每个成员的长处”这是果壳时间团队成员对田晨的评价。而学术星探及内容统筹桔子感受最深刻。

2010 年 7 月份,桔子回国后第二天就来找姬十三,看看他在做些什么。姬十三推荐桔子参与了测试版果壳时间论坛的策划,这个参与的过程让桔子感受到巨大的喜悦:本以为是遥远梦想的 TED 竟然离自己这么近。当姬十三“情真意切”地挽留桔子留下来时,桔子流着眼泪答应了。“还是挺纠结,毕竟我最初的想法是回国支教一年后,再返回美国。”

80 后的女博士桔子个性鲜明,“想发飙就发飙”。她曾经当着团队成员的面儿,因为邀请嘉宾的事情和田晨吵起来,“我当时把田晨都骂回到自己座位了”。然而,被下属在公开场合“叫板”的田晨并没有计较。就在桔子也在为自己刚才让“头儿”下不来台内疚不已时,田晨的 QQ 头像晃动了,“她悄悄地向我解释,她不是成心想挤兑我……”,桔子说,田晨的解释也让她很“不落忍”。呀,对我这么好,我更应该对团队好……

在田晨的带领下，性格各异的团队成员在共事过程中尽管也是冲突不断，但整个团队最终能够在宽容和协商中稳步前行。

比如谈起合作伙伴米兜，桔子神采飞扬："他特哲学和有范儿，知道我的脾气，能够冷静地提出意见，我从米兜身上经常获得策划灵感。"对于米兜和自己的合作，桔子称之为"相当宝贵"。两个人共同搭档克服困难，将多个科学家包装上了果壳时间舞台。

在桔子因为外包动画团队不能达到期望发火时，负责做视频的淳子会缓和桔子的情绪，并和桔子共同寻找解决方案。

会务统筹小蝉将团队形成的这种氛围称为"气场"。在这种气场下，尽管"其实从做第一期测试版讲坛时，大家就有挺大冲突"，但还是能够坐下来心平气和地来商量，"最重要的是，这些都不是原则性的冲突"。现在小蝉将整个身心都奉献给了果壳时间，"闭上眼睛在床上，睁开眼睛在办公室"。

相互支持的事情随时发生，NGO 合作官员祝涛刚来还不知从哪里入手时，便得到田晨以及小蝉的帮助，祝涛认为能够从这个团队得到需要的一切支持。"比如，小婵是女超人，所有事情都能在你想到之前搞定。"祝涛现在很享受"能够按照自己的理念去做一些很有趣的事情"的状态，这和他以前在企业以"晋升和拿奖金"为导向的工作状态完全不同。

学者也来作明星，被真诚与认真所打动

果壳时间舞台上每一个学者的演讲是团队打造的最骄傲的作品，也是果壳时间集体智慧的展现。每一期果壳时间，桔子和米兜都需要花费两个月时间和学者反复沟通：确定演讲主题、找到关键词、策划内容、制作 PPT，甚至每天要互发几十封邮件。"每个学者都有自己的亮点，我们需要做的就是和学者一起提升课件质量。"而如果现场的演讲没有达到预期，桔子就会自责：

这不是嘉宾的原因，是我们策划的问题。

除了学者们乐于分享的意愿，田晨认为果壳时间团队成员的“真诚”与“用心”也是让嘉宾愿意走到舞台的原因。“你看社会上大大小小那么多的论坛，有多少是像果壳时间团队这样，与嘉宾这么深入地交流演讲内容呢，PPT 一页一页地讨论，全身心地投入，配合每一位嘉宾去创作出精彩的演讲。”田晨觉得，真诚是可以相互感染的，团队成员这种做事的状态也激活了嘉宾身上某种共通的东西。

刚开始，不少嘉宾会觉得果壳时间也是一般形式上的讲座，但到了彩排现场，看到灯光亮起，舞台上的多媒体效果配合他一个人，才切实感受到这个舞台的不同，有一种在聚光灯下当明星的感觉，才理解为什么果壳时间描述自己不是常规的讲坛，而是一场传播新知的立体化表演。一场果壳时间大概会有近 100 个流程节点，来保证灯光、音效到位，PPT、视频等多媒体展示物切换平滑无缝，当这一切工作在现场井然有序地进行，台上的嘉宾展现着知识与人格的魅力时，团队成员们觉得所有的付出都是值得的。

“他们的热情让我很感动，我也愿意用热情来回应他们”，张纯说。张纯是北京大学第三医院眼科教授，主任医师。他气质儒雅，风度翩翩，还登上过《时尚先生》。张纯说他在接到果壳时间的邀请时也很犹豫，觉得有难度。

最终，张纯以“谁偷走了我的视力”为演讲主题，将枯燥的青光眼的知识用简单的比喻和鲜活的 PPT 向观众分享。演讲很成功。“真没有想到科学家可以这么酷，科学知识可以这样传播”，年轻的观众刘琦大呼讲坛很惊艳。刘琦在一家 IT 公司上班，在朋友推荐下报名来的。

这些嘉宾们并没有任何报酬，但团队会提前了解每个嘉宾的爱好，精心选择礼物，从每个细节上让嘉宾感受到这个团队的用心。有时，团队会购买其他公益机构做的手工艺品比如剪纸、书画作品等送给他们作为答谢。“他们拿着这样特别的礼物会很开心，因为他们用这样的方式也参与了公益。比如有一次，我们将瓷娃娃关怀协会的一个脆骨症孩子的素描作品送给了北大的建筑学教授方拥老师，他就打电话给这个孩子告诉他，他很喜欢这幅画，还鼓励他继续画下去。这对于一个遥远的，出不了巷口的孩子，是一种多大的鼓舞啊”，桔子说。

开放式合作，每个人都是“智慧路由”

在中央电视台体育频道工作的朱传欣，是果壳时间的一名专业外协，负责讲坛现场视频录制和后期编辑。“每次来都很开心。”每次录制现场，他都会有很大收获，“打破了思维惯性，认识了科学”。朱传欣与果壳时间团队成员也都成了很好的朋友。

邓稳和吴引分别在广州和武汉的广告公司工作，他们曾经与田晨同在一家公司，是田晨所管理的策划部中的优秀策划，因为都做得一手漂亮的PPT，所以受邀在业余时间为果壳时间的嘉宾演讲制作PPT。现在，他们是桔子最亲密的远程工作伙伴，每一期果壳时间，都跟着桔子进入一个又一个陌生的学术领域，再用直观但赋有想象力的视觉元素将知识呈现在观众面前。果壳时间现场的PPT也总是被观众赞叹为“惊艳”。

仅靠五名团队成员，将果壳时间打造出TED大会的品质是不可能的，这是田晨需要专业外协的主要原因。果壳时间用开放式创新（open-innovation）的方式与各种人合作。“比如我们每次给学者拍摄定装照，摄影师就是请的《三联生活周刊》的蔡晓川，他是我最喜欢的人物摄影师，我们的主持人是中央电视台的专业主持人白桦”，田晨说，“其实，将专业的工作外包是商业领域常见的作法，但是我想果壳时间的合作伙伴不仅仅是一个简单意义上的外包，我们不是甲方和乙方的关系，我们更希望这是一个协同创作的过程。每个人在其职业领域都有自己局限的地方，所以我们希望果壳时间能向他们开放一个新的平台，让他们的专业能力、才华和想象力得以发挥和展示。希望每一次合作对于他们也是一次惊喜，一次不一样的创作之旅，一次跨界的尝试。是一起玩一把，一起 high 一次的感觉。”

除了长期合作的摄影、摄像、设计、制作外，果壳时间为了丰富舞台形式，还结合每一期的主题，积极与各种年轻的艺术团体合作，比如桔子请来了北大合唱团、多媒体舞台剧《江河行》的主创和舞者，小蝉请来了山人乐队，甚至果壳时间还直接跟话剧社合作，把活动办进了小剧场的舞台布景中。

团队的每一个成员都在以自己为支点，发展着“合作者”与“智囊团”，将散落在社会上的知识与创意资源不断吸引到果壳时间的平台上。比如，以桔子和米兜为主，形成学者网络；以小蝉为中心，形成各种创意人和设计师网络；以淳子为中心，形成视频及多媒体制作网络；以祝涛为中心，形成媒体与 NGO 合作网络……

田晨将这种聚合社会资源的模式，形象地称之为“智慧路由”——每个人都是智慧路由的节点，接入各种人才。桔子和米兜希望果壳时间能像古希腊的城邦那样，人才济济，智慧尽情展现。

果壳时间大升级：接中国地气，合中国国情

团队希望，人们能够在果壳时间卸下疲惫的躯壳，全身心畅游新知的宇宙，让思维超越极限，让梦想自由生长。到目前为止，每两个月举办一期的果壳时间讲坛已举办八期。据称，果壳时间几乎已一票难求。

受益的并不仅是观众，果壳时间团队也在成长。田晨感慨：“果壳时间每期都凝聚了最前沿的学者，聆听他们演讲就像重新上大学，大大开阔了眼界。”其他团队成员也有同感。桔子通过看嘉宾论文，策划的内容因涉猎其他多个科研领域而觉得乐趣非凡，“看嘉宾论文过程就是一种学习，用一样

的科学逻辑，去分析不同领域的科学知识，再将其包装成普通公众都能理解的知识，这个过程本身也非常有趣。”

而随着知识和能力的提升，现在的小蝉已经由一名“松鼠会杂役”，成长为果壳时间女导演。“所有编辑、会务、设计，都是我们自己制作并完成……也许这就是成长，扎实的内容以及完美的呈现形式，一直是我们努力的目标”，小蝉在微博上这样感慨。

随着团队成员在科学领域涉猎知识的加深，果壳时间论坛内容也在不断地丰富，从第五期论坛开始，已经开始跳出“纯科学”思维，进行“立体化”转型和创新，除了邀请物理学家，还邀请人类学家和建筑学家。而第六和第七期更是用心良苦，在“绿也先锋”的主题下，除了邀请太阳能专家，还请投资人分析新能源市场的资本游戏，企业家则从企业管理角度去谈环境污染问题；NGO 代表也来了，找寻怎样去非对抗性地帮助企业保护环境。

“在我的想像中，果壳时间未来不仅仅向公众传播前沿科技知识，还要更多地启发观众面对中国的现实问题，考虑未来怎么做。科技是让这个国家更加现代化的重要途径，但除此之外，我们还应该有其他的视角，才不至于偏激。”随着探索的脚步，团队逐渐认识到科学知识与理性思考之间仍然存在距离。科学不能给生活提供全部答案，它同哲学、艺术等学科一样，是我们解释世界的手段。问及果壳时间的发展方向，田晨说：“我们希望以后能让科技、人文、社会创新的声音平等对话，带领我们重新认识和理解当下的社会和世界。我们可以抱着平和的心态倾听不同的声音，饱含科学理性，又不失人文关怀。”

2011 年 9 月 4 日，第八期以“Cool Water, Cool Jobs”为主题的讲坛在北京大隐剧院举行。本期的内容更为丰富，有光解水制氢，从水中发掘能源潜力的前沿科学研究；有对城市内涝的专业解读；更增加了用现代舞来表现河流的困境的环节。与以往的活动一样，大隐剧院几乎座无虚席。

活动结束后，有观众网络留言："从策划到举办、从嘉宾到主持、从形式到内容、从活动本身到延伸项目俱佳的'与水同行'，要怎样来形容？好吧，这是我参加过的最精彩的。"

除了对"果壳时间"讲坛进行内容与形式的多元化探索，随着团队成员的成熟，田晨对于"果壳时间"品牌也有了新的升级计划——将形成更加开放和社会化的公共平台，不仅局限于新知的传播，也会更注重科技参与社会创新探索的行动。

后记

为了区别姬十三于2010年创办的泛科技商业网站果壳网，公益讲坛果壳时间在2011年11月宣布更名。2012年1月8日，果壳时间的品牌升级盛典"这个世界会好么？"在北京大隐剧院开幕了。在一系列回顾成长历程的短片后，田晨站在舞台上缓缓说道："在物理学中，'未来光锥'是在因果律前提下，一个事件所能影响到的最大时空区域；我们借用这一概念，是因为相信，每个人在今天的尝试与突破，都在创造未来。世界会更好么？答案并不遥远，它就在我们每个人创造的'未来光锥'中。"

"未来光锥大会将从精品科学讲坛升级为精品新知讲坛，但我们会探索更大胆的舞台表现，为体验加分。新增设的'未来光锥创新工作坊'则提倡跨领域的分享和协作，针对更加具体的社会问题，邀请科技、公益、传播、商业、政府等领域的人士，以及对公益感兴趣的公众，脑力激荡，分享所长，为更有效地解决社会问题提供思路。"

口号从"向未来问好"到"每个人都在创造"，从果壳时间升级而来的新品牌"未来光锥"将会更积极地与这个社会的脉搏发生共振。

附：果壳时间核心团队

姬十三 @ 出品人

科学松鼠会创始人、果壳传媒 CEO，生物学博士毕业，弃理从文，再转型做科学推手，致力成为“现实的理想主义者”。

田晨 @ 制作人兼传播策划

商业逃兵，10 年互动营销策划经验，资深网络广告人。

桔子 @ 科学星探及内容策划

先求学于未名湖畔，再远走芝加哥大学，2010 年获细胞生物学博士学位。

米兜 @ 科学星探及内容策划

曾经泡过武汉大学药学院某实验室，毕业后北上钻入互联网，间或也给电影杂志撰稿。

小蝉 @ 会务统筹

典型的文科生，五年的旅游管理经验。也曾背包行走四方。2009 年进入松鼠会，成为半名科学女青年。

祝涛 @ 媒体统筹

曾在贝塔斯曼负责数据库管理。

俞淳子 @ 视频统筹

中国传媒大学 2010 届广播电视编导（文艺编导方向）毕业生。硬科幻爱好者，软件版本与影像技术控，有无法不显山露水的好奇心。

（访谈兼撰稿：徐辉）

案例点评

牛顿说自己"之所以看得远，是因为站在巨人的肩膀上"，他一点也没有掩饰前人的成果对自己所取得的伟大成就的价值。同样，果壳时间也毫不讳言自己向美国TED学习的企图心。他们认可TED的使命，去传播值得分享的思想；他们借鉴了TED的形式而又加入了更多的元素，借助声光电的效果、舞美设计和丰富的艺术表现形式把"有料"的思想传播得如此"有趣"。

人们对于创新的常见误解之一是创新一定得是"全新"，是要一切从头开始。殊不知在模仿的基础上改造和延伸正是一种常见创新方式，而通过对已有事物的拼贴组合来实现的创新更是比比皆是——瑞士军刀是一堆小零碎的组合，iPod说穿了也不过是一块大容量硬盘、一个媒体播放器和一个网络接入设备的组合。

TED所传播的内容从早先的"科技、娱乐、设计"（Technology、Entertainment、Design）到现在的科技、艺术、哲学……无所不包，是一次内部的再创新。果壳时间也是一样，从最早传播科普内容为主，到近来开始加入"人文"元素，新一年又在谋划着将"科学、人文、社会创新"结合，做全方位的内容提升。如何真正做到有机的"三位一体"而非简单的捆绑堆砌，需要果壳时间更精准地把握社会需求，更凝练自己的核心价值，或者换个更通俗的说法——更接地气。

TED从2005年开始设了三个TED年度大奖，既提供奖金，也提供其他资源来帮助三个有价值的思想付诸实现。这可以看做是TED的又一次自我提升，从"光说不做"到"有说有做"。果壳时间也可以（事实上，他们正在）做这种业务的延伸。试想，当观众在美轮美奂的环境中如醉如痴地享受完一场思想的盛宴，他们中一定会有不少人在头脑受到巨大冲击之后摩拳擦掌跃跃欲试地想要去做些什么。如果能开展创新式的延伸业务，将人们的热情和不同领域的经验与资源相结合，围绕特定的社会问题来探寻解决方案，从单纯的"传播思想"(spread idea)到"带来改变"(make some change)，岂不正是"科学、人文、社会创新"完美的"三位一体"。

TED作为一种社会创新，其巨大的社会效益很大程度上来自于全球各地的众多模仿者，他们参考TED的形式组织自己本地化的TED Talk。未来，"果壳时间"如果能在业务模式稳定并被证明行之有效的基础上，开放其作业流程和标准，复制出更多的"果壳时间x"，那将会是一项多么伟大的社会创新。

TED的视频有国内的志愿者从英文翻译成中文，大大便利了其在中国的传播。未来会有志愿者将"果壳时间"的活动视频从中文翻译成英文，从而在世界范围内传播吗？让我们拭目以待！

点评人：顾远 Aha社会创新中心创始人、CEO

机构简介

北京市朝阳区哈赛科技传播中心是正式注册的非盈利机构。中心以公益为宗旨，以科学传播为己任。运营一个科普项目群，包括：科学松鼠会、果壳时间、科学支教，等等。致力于让科学与新知在大众文化层面传播，促进科学与其他领域之间的沟通。果壳时间于2012年1月8日正式更名为"未来光锥"。

"未来光锥"官网：http://guangzhui.org

延伸阅读

美国TED　www.ted.com

TED是“Technology，Entertainment，Design”三个单词的首字母缩写，每年在美国TED大会上，众多科学家、设计师、文学家及音乐家等各自领域中的杰出人物齐聚一堂，分享关于科技、社会、人生的思考和探索。它是社会各界精英交流的盛会，“用思想的力量来改变世界”，鼓励各种创新思想的展示和碰撞。

绿色江河

带着媒体做环保

要引起社会重视
才可能引起政府重视，才能推动环境保护的进程
我个人的声音是微弱的
引起社会和政府重视最快的传播方式就是
借助媒体的力量

2011年10月底，与绿色江河创始人杨欣好不容易可以顺畅地通过电话交谈的前四个月，杨欣一直坚守在青海省格尔木市唐古拉山镇，为迎接他“第二个孩子”的到来忙碌着：筹建中国民间第二个自然保护站——“长江源水生态环境保护站”。这可算是杨欣人生中的第二件大事了。

杨欣人生中的第一件大事发生在1997年，当时他借助媒体的力量，靠书籍义卖和极为有限的捐助，激动地迎接来他“第一个孩子”的诞生——位于可可西里的索南达杰自然保护站的建成。2003年1月1日，杨欣亲自将这个“孩子”交付给可可西里保护区管理局统一管理。

从1995年到2005年，可可西里十年冰雪严寒的逼迫让杨欣的络腮胡子有了风雪颜色的同时，也让杨欣认识到媒体力量的强大。可以说，如果没有媒体以各种形式对绿色江河工作的关注和支持，也许索南达杰自然保护站的诞生要延迟到更遥远的以后。

所以在长江源水生态环境保护站的筹建过程中，在对正在消退的长江源冰川的保护中，媒体依然是杨欣所倚重的重要力量。那么怎么才能吸引媒体持续不断的关注呢?

冰川下展示婴儿床，只为央视播出两分钟

2010年6月5日，第39个世界环境日。

海拔6000多米属于生命禁区的近1000平方米的洁白冰湖上，整整齐齐摆放着193张婴儿床，床垫由联合国193个成员国国旗缝制而成，背景是长江源头——正在消逝的唐古拉山主峰各拉丹东脚下的姜古迪如冰川。

冰天雪地，大地无言，唯有浩荡的婴儿床阵用沉默在叩问着人类的心灵：冰川融化了，自认为是“万物之主”的人类的未来将会在哪里?

这是杨欣接纳志愿者，自由艺术家艾松建议后的呈现。为把193张婴儿

床等重达两吨多的材料运到冰川，杨欣特意组建一支 19 人的队伍，找了两辆带绞盘能自救的牵引车，并动员当地牧民，车推牦牛运。从搬运到安装，耗费数日。

婴儿床只展示了短短 15 分钟就拆除了，并装车运回。当晚，央视新闻频道就此播出长达两分钟的新闻。杨欣松了口气：不惜“劳民伤财”地将“大地艺术”的创意，在生命禁区的冰川前变为现实，就是希望能够吸引媒体的关注，然后借助媒体的力量，让公众关注和保护正在消融的长江源冰川，关心人类的未来，选择低碳生活。

受全球气候变暖影响，长江源冰川迅速退缩。国家测绘局公布的数据表明，长江源冰川在近 30 年间退缩 600 米，每年退缩速度为 20 米。

绿色江河连续五年实施的“长江源冰川退缩监测”项目也证实了冰川消融的事实。绿色江河通过航拍、遥感、卫星图片和图片拍摄对比分析等手段显示：长江上游所有冰川几乎都在消退中。

从 2005 年开始，保护正在消退的长江源冰川成为杨欣和绿色江河的工作重点。“绿色江河”是四川省绿色江河环境保护促进会的简称，成立于 1995 年，是在四川民政厅注册的中国民间环保社团。

在关注长江源的前 10 年——1995 年到 2005 年，可可西里是杨欣和绿色江河为之付出血和泪的地方：打击偷猎者，保护当地生态环境和国家一类保护动物藏羚羊。在 20 世纪 90 年代，国际市场流行羊绒制品，偷猎者对这个地区进行了毁灭性捕杀，藏羚羊在 10 年间，数量减少三分之二以上。

数十家媒体关注，让可可西里的名字滚烫

只要浩荡的婴儿床阵能够在央视新闻频道“露脸”两分钟，在杨欣看来，所有的“折腾”都是必需和值得的。“要引起社会重视，才可能引起政府重

视，才能推动环境保护的进程，我个人的声音是微弱的，引起社会和政府重视最快的传播方式就是，借助媒体的力量。”早在1995年开始保护可可西里时，杨欣对于如何借助媒体的力量达到保护的目的就有清醒的认识。

1994年，治多县西部工委书记杰桑索南达杰为保护藏羚羊，在可可西里与18名偷猎者展开激烈枪战而中弹牺牲。牺牲时，被零下40摄氏度的严寒凝固成跪卧持枪推子弹，准备射击的雕塑般形象，身边是缴获的1000多张藏羚羊皮。

其实，早在索南达杰牺牲前，当地人已经在可可西里从事打击盗猎藏羚羊的行动，但因无媒体报道而默默无闻，不被外界所关注，“英雄流血又流泪”。索南达杰曾感慨地说：“我们西部不为人所知，要引起社会重视，不死几个人是办不到的，如果要死，让我死到前面也可以。”

但在索南达杰牺牲后，杨欣悲哀地发现，即使索南达杰付出了生命的代价，外界对可可西里，对藏羚羊依然一无所知。杨欣在1994年第五次探险考察长江源期间知道了索南达杰的故事。为之所震撼的杨欣，愿意背负起索南达杰的梦想——在可可西里边缘地区建立一个自然保护站，作为反偷猎的前沿基地。

1995年，杨欣在到北京进行演讲，呼吁公众关注可可西里时，几乎没有媒体听说过可可西里的地名，也没有听说过藏羚羊这种野生动物，更何况公众。为了吸引媒体的关注，为了让索南达杰的灵魂能够安息，探险家杨欣成为了一名环保演讲者，开始不断地在北京、上海、广州这些繁华的大都市宣传可可西里，讲索南达杰的故事，藏羚羊的保护，还有他的建保护站计划。

拥有敏锐新闻触角的《中国青年报》记者，从杨欣的演讲中，意识到了这是新闻报道的好题材，很快在冰点专栏发表《血染的希望》一文，第一次整版介绍索南达杰、藏羚羊和绿色江河。

可可西里神秘的无人区，雪山高原，国家一级保护动物藏羚羊，盗猎者和反盗猎者，英雄，血与火的交锋……杨欣不断抛出的这些新闻元素终于让大城市的主流媒体疯狂了，继《中国青年报》的报道之后，数十家媒体开始对可可西里持续不断地跟进，可可西里的名字在中国大城市里也开始变得滚烫。

10年、15年、25年，持续关注一个点肯定有收获

1997年，索南达杰自然保护站的落成吸引着更多媒体记者将目光投向可可西里。这年年底，国家特别批准成立可可西里国家级自然保护区。

面对长江，面对可可西里，面对索南达杰的在天之灵，我们尽力了，我们问心无愧。杨欣感慨："索南达杰可以安息了，他的生命已唤起成千上万人对可可西里的关注。"

如果只是默默无闻地奉献，仅仅是奉献那么一点；如果在奉献的同时，将所关注领域通过媒体传播出去，会吸引更多人参与，将得到更多力量的支持。杨欣说，正是媒体的力量，让千万人关注了可可西里。

193张婴儿床通过媒体展示给大众的同时，绿色江河对媒体公布研究结果：长江源最大冰川岗加曲巴冰川最大退缩距离超过4000米。这条消息经新华社和中新社发布后，各大主流媒体纷纷转载。

如果说媒体愿意关注和传播冰湖上193张婴儿床的信息，是因为有足够的新闻噱头，那媒体为何愿意相信并传播一家民间环保机构所发布的，未经国家权威部门认定的数据？杨欣的答案是：因为我们长期关注这个领域，并且有足够地专业性。

"如果非要说成功的经验，吸引媒体关注的经验，我只能说因为绿色江河和我都长期只关注一个点。我们自认为掌握的长江源资料是最全的，超过了政府和科研单位，我们做这个项目比其他机构都要强。"正因如此，国内各大通讯社和主流媒体才放心大胆采用绿色江河所提供数据，进行广泛地报

道传播。

杨欣所说的“长期只关注一个点”也有以下详细数据的支撑：从 1986 年参加长江漂流探险队算起，杨欣关注长江源领域已达 25 年；绿色江河也已关注这个领域 15 年；可可西里保护项目绿色江河做了 10 年；长江源生态人类学调查，绿色江河做了六年，“每年田野调查都超过一个月，团队由博士生导师、博士、硕士等组成”；“青藏铁路沿线垃圾情况调查”做了八年。“长江源冰川退缩监测”也已经连续实施了五年。

“做自己最熟悉的领域，而且要坚持不懈地长期去做，肯定会有意想不到的收获”，杨欣总结。这意想不到的很重要的收获之一就包括媒体的深度关注。需要注意的是，吸引媒体的关注从来不是绿色江河工作的目的，而只是绿色江河所倚重的一种重要的工作手段。

天人合一的高山雪域，对媒体也是致命吸引

这个“意想不到的收获”还包括，因为长期持续地关注一个领域，所以绿色江河能够挖掘出这个领域的亮点，而这个亮点恰恰是媒体愿意关注，与媒体本身的需求相吻合的。

“因为我们熟悉，所以能够创造出亮点；因为我们只专注做一个‘点’，我们做得比较深，所以我们能够发现新的角度，而这些角度又足够吸引媒体”，杨欣强调，如果没有很深地关注冰川的经历和对冰川的熟悉，如果对于这个领域没有什么经验，就只会对媒体说，冰川要消融了。但冰川是怎么消融的？用什么证据证明冰川在消融？冰川消融会如何影响气候？进而影响人们的日常生活？用什么方式呼吁人们保护冰川？如果不能回答这些问题，即使为媒体提供内容，也不能够吸引媒体的关注和兴趣。

“我们给媒体创造了条件，提供了这么多角度独特的内容，还有用都用

不完的素材，媒体当然就会愿意关注和报道我们所做的事情。”

而媒体的关注和报道对绿色江河的发展也起到重要的促进作用。杨欣举例，在最近央视对他进行专访后，几家企业主动联系杨欣，愿意为绿色江河提供资金支持。

“央视《读书时间》报道绿色江河进行图书义卖的活动后，有企业主动买了36万元的图书；去年《国家地理》杂志登载了我的专访后，也有企业主动捐赠了50万元。这对我们的帮助太大了。”杨欣说：“媒体不仅是党和人民的喉舌，也是环保事业的喉舌，借助媒体的力量，我们NGO会事半功倍。”

另外，也正是因为绿色江河长期关注一个“点”，才能够把关注这个“点”的专业人士吸引过来，吸引一批关注这个地方的专业志愿者，长期为项目进行服务。在绿色江河的志愿者队伍里，有自然科学家、社会人文科学家，有中国顶尖高山病医生，藏族翻译，还包括专业图片摄影和专业摄像……

目前，参与过绿色江河的400名志愿者中，有100名专业性很强的志愿者成为机构长期固定的志愿者，杨欣曾对索南达杰保护站的志愿者有一个硬性要求：回去以后必须做三场以上的演讲，有的志愿者演讲了20多场。借助志愿者的力量，环保理念渗透到了更多地方。

除了绿色江河长期持续从事一个领域所具有的专业性，以及绿色江河能够为媒体提供适合的新闻亮点，吸引媒体对于绿色江河项目的关注外，不能否认，可可西里和冰川雪域这些人迹罕至，天人合一的神秘的地方本身，对媒体就有着致命的吸引力。

有过志愿者经历的人，不会一生只做一次志愿者

在绿色江河各类专业性很强的志愿者中，也包括大量的媒体人，他们也

以志愿者的身份参与到绿色江河所开展的工作中，甚至深度介入绿色江河的各类项目中。

邹容是原《三湘都市报》记者，在2001年8月底，偶然看到《湖南日报》登出索南达杰自然保护站招募湖南环保志愿者的消息。“当时更多的是出于一种对神秘地域的向往和对环保事业的好奇，我就去报了名。”

报社领导听说邹容要请假去可可西里做志愿者时，二话没说就表示支持：不用请假，算报社派你去。“媒体”和“志愿者”这两个身份，在可可西里，在冰川雪域，就这样默契地交织在一起，合二为一。

2001年9月，邹容在索南达杰保护站与同行志愿者一起进行了为期一个月的可可西里鸟类调查和野生动物调查。现在，距离邹容成为可可西里索南达杰保护站志愿者的日子已经过去了10年，但“自己总会突然无可救药地沉溺于一种可可西里情节，它就像骨头上的烙印，短暂、珍贵，永远难忘”。

在邹容成为索南达杰保护站志愿者的一个月里，及“延续至今，并还将有可能延续下去的日子里”，“可可西里”“藏羚羊”“长江源”这些词语和概念，以及他们背后令人热血激荡的故事，不断经由邹容和她的媒体同行们手中的笔和镜头，传向更多的人，虽然零散隐性，但潜在的影响力是不可估量的。

从2001年至2004年9月，湖南共有四批九人直接参与了可可西里环保志愿者活动；邹容从杨欣那里刻录下的可可西里的纪录片《平衡》，至今仍在省内高校流传。

从可可西里回来后，邹容选择了《潇湘晨报》，并主持《湖湘地理》专版，一个月至少有一半时间在户外，最直接地考察、介入、思考人与自然、人与生态环境的种种关系。邹容说，在可可西里做志愿者的经历，影响了她的某些人生态度，至少使她对环境保护这样一个人类与责任关系的命题，产生了持久而自觉地关注，并期待承担责任和义务，“甚至导致了我在职业领域中新的兴趣指向”。

原《重庆旅游新报》记者余玲是2001年5月的志愿者。在回来后，余玲除了做在报纸上进行宣传的“分内事”，还在重庆大型商场进行演讲，举行图片展和进行图书义卖，宣传绿色江河，可可西里及藏羚羊的保护。这些行为，让余玲成为重庆2001年度十大新闻人物之一。

“在可可西里索南达杰自然保护站义务工作的一个月，也是改变志愿者生命历程的一个月，有过志愿者经历的人，不会一生只做一次志愿者。”余玲的话代表了所有绿色江河媒体志愿者们的心声。

媒体人做志愿者，在一定程度上，是从“个体自愿，延伸为媒体介入”。这些媒体人在对绿色江河的宣传及促进工作中，更是起到举足轻重的作用。

（访谈兼撰稿：徐辉）

案例点评

在中国众多形形色色的民间环保组织中，立足成都的绿色江河无疑是引人注目的。中央媒体关注和传播，在联合国气候大会上的专场展示，都显示了这个民间组织与众不同的能力。首先，绿色江河关注了一个引人注目的议题，这个议题和中国的水资源缺乏，母亲河源头生态恶化，以及全球的气候变化议题密切相关。数年以来，绿色江河这个机构的名称和冰川保护这个主题词已经紧紧地联系在一起。其次，绿色江河的成功来自于它的专注。对一个民间环保组织来说，五年做五件事情比较容易，因为可能会有五个以上的资助者对五件不同的议题感兴趣。然而坚守自己的信念，五年只做一件事，却是一件非常困难的事情。可以想象，在中国西部长期坚持观测冰川问题需要多大的资源支持，而作为一个民间环保组织，要聚集这样多的资源并且把它们用于“一个点”，需要付出多大努力和怎样非同寻常的坚持。这种为了公益目的的坚持背后，除了信念，难以找出其他的原因。

不过，一个同样应当引起我们注目的问题是，当人们谈起绿色江河的时候，映入脑海的首先就是大胡子的杨欣，杨欣的大胡子也成了绿色江河的标志。从这个角度来说，绿色江河需要考虑自己的机构建设和可持续性问题。

正因为它的专注和坚持，绿色江河作为一个民间组织，才有可能从中国如此之多的官办地理、地质研究机构中脱颖而出，真正引发了公众对长江冰川消亡问题的关注。从这个角度来说，绿色江河无疑是成功的。然而后续的行动是什么？一个人的战斗，一个组织的战斗，还是公共政策的改变和国家资源的投入？近日新华社消息，自2011年9月以来，位于可可西里保护区东北部的库赛湖因不明来水注入出现明显上涨，湖面持续抬升，汹涌外泄出的外溢河流流量大于长江北源楚玛尔河，或许成为长江的新源头。可可西里地区“不明来水”的来源尚未可知，令人忧虑……

遏制冰川融化，需要的不是一个杨欣的战斗，一个绿色江河的战斗，而是一个行业，一个公益生态链，一个整合了民间、企业和政府资源的合力的共同战斗。愿杨欣和绿色江河们成为这样的合力的起点和一部分。

点评人：李劲 北京万通公益基金会秘书长

机构简介

四川省绿色江河环境保护促进会（简称“绿色江河”）是经四川省环保局批准，在四川省民政厅正式注册的民间团体。绿色江河以推动和组织江河上游地区自然生态环境保护活动，促进中国民间自然生态环境保护工作的开展，提高全社会的环保意识与环境道德，争取实现该流域社会经济的可持续发展为宗旨。

网址：www.green-river.org

延展阅读

1. 北京地球村环境教育中心

www.gvbchina.org.cn

2. 绿色和平

www.greenpeace.org/china/zh

3. 世界自然基金会

www.wwfchina.org

信阳乡村建设协作者中心

郝堂村

建立农村新金融，盘活资源破困局

郝堂村在深刻理解、尊重中国传统习惯
和农村社区文化的基础上
通过建立养老资金互助社推进农村金融创新，盘活了当地资源
解决了农村养老与农村经济发展等诸多难题
并在新农村建设中成为典范

改变的时候

在过去的数年间，郝堂村这个人口超过2000人的村庄，和中国的大多数村庄一样，归于“沉寂”。这是一个充满告别的地方，一只无形的手总是将村庄里的年轻人有组织地带往城市，并且选择性地留下小孩、老人，甚至是孤单的妇女。一年里的多数时间，这些村庄都缺乏壮年的男性劳力，以至于很多田地和农业基础设施都日渐衰败，900多亩耕地被荒弃。

外出务工者将部分劳动所得寄回老家，用于父母养老和子女教育，并为自己积蓄一份“舒适的未来”。但在做了35年村干部的胡静看来，结果“令人悲伤”。“村里很多老人生病了，儿女不给钱，不是不给，是实在没有钱。因此有的老人选择上吊、喝农药来减轻儿女的负担。”

极端的“悲剧”事件暂缓了胡静的退休计划。她想为老人再做点事，做点有意义的事。与此同时，曾向总理进言“农民真苦，农村真穷，农业真危险”的三农学者李昌平在不断的实验和他人的陈述中似乎找到了农村问题的症结所在：没有经济基础支撑的农民组织因没有力量而名存实亡了。所谓的村民自治亦随着土地制度和税费制度改革的偏差“面目全非”。农民组织的缺失，凝聚力的下降，使得农民、农业无法适应市场经济，村庄一盘散沙，垃圾围村，水利无法运转，老年人无所养，年轻人无所事。

怎样构建农民组织的经济基础？在学习了韩国、日本、台湾等地农协农会的成功模式后，李昌平总结出了自己的十字“真经”：建设新农村，先建新金融。“现存的金融制度与农民的产权制度不相适应，农民的土地等财产权不能或者很难抵押贷款。所以必须建立新的金融以适应农民财产权实现的要求，让农民的地、山、水、房屋等可以变现或流动起来”，李昌平说。

作为河南唯一一个“农村改革发展综合试验区”，郝堂村所属的信阳市政府在农村金融改革和新农村建设方面展现出了极大的魄力。为了让当地的农民获得充分的金融服务进而获得更多的发展机会，他们连续出台了一系列关于农村金融创新的文件，并为农民办齐了土地承包、宅基地、房产、林权和养殖水面等五权证以用作贷款抵押。

但银行对此并不买账。在一次培训会上，李昌平向信阳市市委、市政府有关领导道出了其中的原因：第一，规模小，成本高。把一个亿资金贷给一个企业，一个信贷员就够了，把一个亿资金贷给几万农民，需要很多信贷员；第二，信息不对称，风险不可控。钱贷给企业，企业的财务是透明的，风险是可控的，农民不行；第三，小农的土地、房屋等抵押品在社区外不可转让和有效经营。

在认识到大银行、信用社、村镇银行无法解决农村金融之后，李昌平给出了一条可行的方法——建立农村社区内部的资金互助社，它属于农民自己自主的金融，农民享受金融的全部收益。结合自己的阅历和经验，李昌平认为以养老为突破口，成立养老资金互助社作为起步成功率较高。

本地"设计者"

2009年9月，李昌平和信阳平桥区科技局局长禹明善下到村子里做调研以确立一个示范村。他们的"选拔"标准是：村两委必须是务实、团结、真正想干事的；人必须靠得住，人品要好；愿意做养老资金互助社，精神状态要好；村子里有影响的人愿意做敬老的事情。

当李昌平和禹明善来到四面环山，板栗园、茶园纵横交错的郝堂村，将"资金互助促发展，利息收入敬老人"的模式说给"想为老人做点事"的胡静时，胡静表现出了极大的兴趣，即便李昌平告诉她必须首先筹集到十万以上的不参与分红的资金作为铺底金。

胡静并没有过多犹豫，迅速给郝堂村出门在外的"精英们"逐个打了电话。有七个人愿意每人出资两万做铺底金。胡静告诉他们，这笔钱不仅没有利息，不参与分红，而且项目一旦失败连本金也无法归还。“但他们说相信我，我为村民做事他们都无条件支持，无论失败还是成功。”

在筹得14万铺底金后，胡静给李昌平回了电话。原本以为胡静只是告知“考虑”结果的李昌平和平桥区政府，被其说干就干的作风感动了，立即决定在郝堂村率先建立养老资金互助社。同时，政府注资10万，李昌平所在的河北大学中国乡村建设研究中心自愿出资五万，郝堂村支两委决定注资两万扩充铺底资金，前提是必须制定一个章程。

当地村民认为在网络上下载一个章程即可，但李昌平告诉他们："那不是你们的，对你们不管用，你们要想做这个事情，就必须花时间一起来制定章程”，李昌平说那是他坚持的底线，“开放和创新农村金融，要有利于完善农民的自主性和自主权，有利于农民成为农村建设和发展的主体。”

于是李昌平、禹明善以及他们的助手以协作者的身份，与村民一起在“吵架”的氛围里花费了两个白天和两个大半夜从章程的名称开始，讨论互助社建立的意义、社员、社员权利、治理结构、风险控制、业务流程以及各种规章制度。“吵的过程，就是互相之间说服、妥协、教育、学习、统一认识、统一行动的过程，就是达成契约的过程，章程就是我们达成的契约。在这个过程中，所有的贡献都是农民的，是农民自我发扬内在潜力的结果，我们只是一个协作者”，李昌平说。

最后挂满整个墙壁的章程描绘出了资金互助社的样貌：这是一个村民自发组织，按照“民办、民管、民受益”的原则，实行自主经营、自负盈亏、民主管理、利益共享、风险共担、权利平等、入社自愿、退社自由的资金互助社，其资金来自村民敬老资金、政府敬老资金、社区敬老资金、财政小额信贷贴息。互助社由发起人社员、社会社员、老年人社员、存贷款社员四类社员组成，主要业务是依法开展以资金互助为核心的生产经营互助合作，为社员提供资金、产权流转、技术、购销、信息、咨询、养老等服务；最大限度地促进本村经济发展，增加社员收入，不断增进老年人福利，让郝堂村的老人们老有所依，老有所养，老有所为，老有所乐。

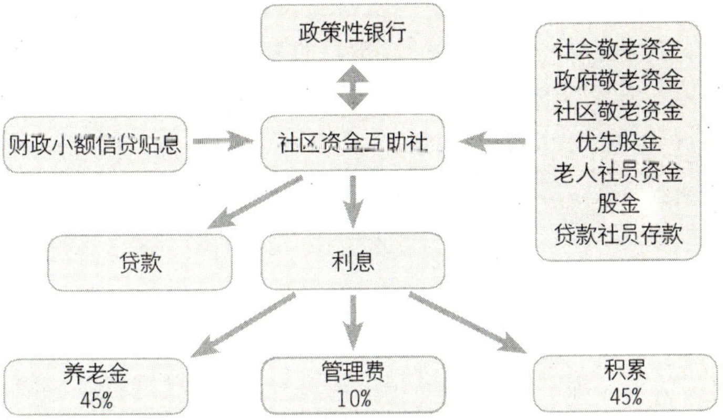

夕阳红养老资金互助社

2009 年 10 月 12 日，郝堂村夕阳红养老资金互助社挂牌成立，并在当地工商部门登记注册。胡静任理事长，禹明善代表区政府成为当然理事，李昌平代表社会会员成为当然监事，七名发起人中的四人成为当然理事，另外三人成为当然监事。在随后的两年时间里，夕阳红养老资金互助合作社吸引了 90 多位符合条件的老年人入社，资金规模从最初的 37 万增长到 230 万，老年人分红在 2010 年底增加到每人 570 元。

一举多得

在郝堂村，总有村民向胡静打听贷款的事。胡静笑着回应："我说了不算，贷款必须找入社的老人，一个老人可以担保 5000 元，只要找老年人担保，不喝他一口水，不吃他一顿饭，不吸他一根烟，事就可以办成。”

黄启军的母亲曹纪珍是夕阳红的入股社员。2010 年 5 月，黄启军承包了姨父的小料加工厂，除了一年 4000 元的厂房租金，还需要四万多元钱的进料费。但他当时的存款只有两万。他找自己的母亲和其他三位社员担保，从夕阳红养老资金互助社贷了两万元，自己加工和销售建筑保温材料，半年下来就赚了三万元，不到年底就还本付息。2011 年他再贷了三万元扩大生产。他的母亲在每年的腊月二十三领取夕阳红养老资金互助社发放的利息和分红，加上新农保等，每年能拿 1000 多元。

老人们担保贷款解决了村民农业生产和生活的燃眉之急，促进了村里经济的发展，令人更为信欣喜是，“它在解决农村养老问题的同时，使村里老年人和年轻人的关系变得更加和谐”。村民苏新海、马德林逢人就说：“老人加入夕阳红，有了地位，以前是负担，现在有用了，儿媳妇都去找婆婆担保贷款，婆媳关系也变好了。老人们也更有地位了。”

“一举多得，而管理上又不费事”，胡静说，“村里人大家知根知底，你有几亩地，几间房，几片林都一目了然，政府给办齐了地权、房权、林权等五权证，在我们互助社它们都可以作为抵押。况且年轻人借老年人的钱他有道德压力。所以，我们贷出去的钱几乎没有不还的。”

鉴于夕阳红养老资金互助合作社所取得的成就，信阳市委市政府为其特别颁发了 2010 年河南省农村综改试验区建设“先进农民专业合作组织”的牌匾以资鼓励，一时间郝堂村声名鹊起。

精英协作下的未来

养老资金互助社的成功,最终为郝堂村换来了更大的发展机会。2011 年，平桥区委、区政府将郝堂村作为全区农村可持续发展实验村，共同致力于将其建设成“生态、文明、富裕”的村庄。“30年前看小岗，30年后看郝堂”，郝堂村将是全国养老、新村规划和建设、农业服务专业化的典范之作。平桥区委书记王继军预言郝堂村将是“500年不落后的村庄”。

尽管政府有预算，或者有计划采取招商引资，但夕阳红养老资金互助合作社显然想在新农村建设中发挥更大的作用。“我们没有向政府要钱，只是让政府进行贴息。我们很快将筹集到的160万贷给了这个项目用于新农村建设”，胡静说，“李昌平告诉我，当这个项目实施完成后，村集体经济会有200多万元的积累，我们资金互助社的资金规模将会达到数百万，甚至更大的规模。”

这样的大手笔基本上奠定了资金互助社在农村金融中的核心地位。一个普惠式的，能够最大程度激活本地资源和潜力的草根金融体系，取代了主要针对中小企业放贷的选择式农村金融。目前，信阳市已成立多个农村资金互助社。

面对如此规模，禹明善特意在平桥区民政局注册了“信阳乡村建设协作者中心”，专门“笼络”师生、社会人士、基层干部、农民精英为农村资金互助社服务，为新农村建设服务。“培养协作者，是我们的一个重要目标。我们需要通过协作者在其他更多的地方复制‘资金互助促发展，利息收入敬老人’的项目和新农村建设。”

未来，李昌平计划在全国建立30个类似郝堂村的养老资金互助合作社和类似郝堂村的新农村。“这需要大量的协作者，但项目的主体、核心始终是当地的资源，他们可以是政府，可以是村里有钱的人，我们扶弱，但从不排斥精英。”

（访谈兼撰稿：刘少锋）

案例点评

郝堂村在探索农村合作金融的社区低位运行新模式。为解决农村融资难问题，改革开放以来国家在理念上强调合作金融，但实际上农村信用合作社改革不但未恢复合作性质，反而越来越商业化、离农化。近年国家推动各种新型农村金融机构发展，其中小额贷款公司和村镇银行成长较快，它们为农村服务，但并不具有合作性质。资金互助社是典型的、以农民为本的合作金融，但门坎很高，银监部门对其举办条件、业务范围、管理体制都有具体规定，至今全国获批准营业仅四十余家。郝堂村的养老资金互助社离银监部门的要求有很大距离，但体现了资金互助的实质，在农民参与、风险控制及运行成本上体现出优势，实现农民受益，促进农村发展。事实表明，资金互助不必瞄着商业银行的方向加以拔高，而应发挥农村社区的优势，实行低位运行。

郝堂村养老资金互助社成功的关键在于处理好“基于农村”与“面向农村”的关系。农村内部的资金、人才资源与政府、社会的外部资源都很重要，但资金互助社成长的根基在于农村。当地农民有资金互助的需求；带头人有很强的事业心和公益心；农民的自我服务、自我管理大大提高了组织运作效率；联络、利用在外乡亲，扩大了当地农民的社会资本。面向农村的资源，不是单纯的投入，同时还激活内部因素。外因推动内因，通过内因起到更大的作用。外部筹集的资金不参与分红，甚至要分担经营风险，有利于吸引农民参与；支农专家不是替代包办，而是引导农民发挥自身潜力，指导他们自己学习建立规章制度，实现自我管理和自我发展。这种“助人自助”的实践，十分有利于资金互助社自我生长能力的提升，十分有利于资金互助社的可持续发展。

点评人：孙炳耀 中国社会科学院社会学所研究员

机构简介

信阳乡村建设协作者中心于2009年成立于河南省信阳市平桥区，目前是协作农村社区建设合作金融组织；以金融合作为突破口，促进农村社区综合发展，秉承“助人互助、互助助人”的协作者理念和在协作过程中培养协作者的工作方法，孵化农村社区养老资金互助社，孵化和培养志愿者以协作者身份参与农村建设，在协作农民建设新农村的过程中，为新农村建设培养协作者人才，并创新新农村建设的方法和模式。

延伸阅读

1. 王琓村养老基金会

http://qk.cass.cn/zgskb/wqhg/20090331/200904/t20090401_7252.htm

2. 建设新农村，先建新金融

http://wenku.baidu.com/view/13d58dcea1c7aa00b52acba9.html

3. 宜农贷

http://www.yinongdai.com

4. 中国扶贫基金会小额信贷项目

http://zhnx.912ni.com/

ADream
Room
梦想书屋

在将一个传统乡村图书捐赠项目
引进“集约化方式统一设计、物流、运输服务大批量”
等商业操作手段后
“梦想书屋”实现了规模化运
其运营成果让人大开眼界

真爱梦想

用商业手段实现规模化公益

在上海中小学校募集48万册图书，经过长途跋涉一路颠簸后，最终运到四川、甘肃、贵州、广东、河南等十几个省份贫困地区的乡村学校，需要耗费多长时间？

上海真爱梦想公益基金会（下称“真爱梦想”）给出的答案是：三个月。而据了解，2009年以前，中国所有民间公益组织募集送往乡村学校的图书总量加起来也不到50万册。

不仅可以实现三个月内将48万册图书送到十几个省份贫困地区乡村学校的高效率，而且所耗费成本也很低：真爱梦想募集图书的全流程成本是每本一元。

是什么原因让真爱梦想能够如此低成本高效率地完成图书捐赠项目？真爱梦想秘书长吴冲给的答案是：产业化的力量。

真爱梦想所有公益环节都创新地借鉴商业经验，实现规模化运营。“在公益领域引入商业化管理”是真爱梦想创立之初就追求的重要原则之一。

两位商界高管，放飞公益梦想

由潘江雪、吴冲和一批金融界朋友运作的非公募基金会——真爱梦想，于2008年8月14日在上海民政局注册为地方性非公募基金会。

促使前汇丰晋信教育网络总监潘江雪投入公益的是毕马威前CEO尤金的《追逐日光》一书。书中尤金在生命最后100天规划了一个最美好的人生告别。这让潘江雪深受触动：想做的事情为何非要等到人生最后三个月？2007年，潘江雪在自己的第三个本命年便开始着手筹备她的梦想计划。

在实现了“不做一切自己不想做的事情，还能够体面地活着”的财务自由状态后，投资银行高管吴冲和潘江雪一起想清楚了对人生的安排：既然都财务自由了，那就去追求不自由之前干不了的事情吧。

真爱梦想定位是开展教育公益项目。通过系统化提供教育公益产品和服务，让孩子们能够自信、从容、有尊严地成长。解决中国经济欠发达地区20万所乡村学校、约3000万乡村学生的课外阅读需求的“梦想书屋”项目，是实现这个目标的载体之一。

经历了多年商业熏陶，担任真爱梦想秘书长的吴冲清醒地认识到，无论是商业领域还是公益领域，在本质上都面临着如何解决“有限资源面对无限需求”的问题：如何使用合理成本迅速实现项目的扩张？如何用合理薪酬聘到合格员工？财务管理成本结构应该如何构建？这些问题的答案，在商业和公益领域是相通的。所以，商业领域方法可以借鉴创新地运用到公益领域。

商业方法论，公益价值观

和吴冲一样，将商业经验运用到公益领域，也是担任真爱梦想理事长的潘江雪的希望和追求，“特别希望能够把我在商业机构中学到和应用到的管理经验运用到公益行业”。潘江雪相信商业可以为公益插上腾飞的翅膀。

此时，专注于教育领域的公益人士自身所面临的问题并不乐观。对机构发展的基本问题并未有清楚和成熟的答案，全凭一个高尚的目标在行动，公益产出零散而不成体系。这在具有严谨商业思维的潘江雪和吴冲看来，是一种不能想象的冒险。在公益领域遇到问题时，他们的第一反应往往是：在商业领域有是否发生过类似问题？解决方案是什么？如果将这个方案应用到公益领域，需要做出哪些改变？这套逻辑已经成为潘江雪和吴冲的一种“本能反应”。

当然，吴冲承认，商业社会有自身缺陷，商业经验并不是包治百病的灵丹妙药。商业社会在很多时候是以利己主义为出发点，但公益在本质上是利他主义，所以在价值观上和商业社会有差别。但吴冲认为二者在方法论上的差别远远小于其在价值观上的差别。

基于“相同方法论可以支持不同价值观”的观点，带着创新思维，通过27位全职员工，及许多志愿者的努力，真爱梦想将“梦想书屋”这样一个许多公益组织都在做的，募集适合儿童阅读的课外书籍，捐赠给贫困地区乡村小学的项目，引进“集约化方式统一设计、物流、运输等服务，高效率、低成本、大批量”等概念后，梦想书屋的运营效率让人大开眼界。

三个月送书48万册

经过前期调研，真爱梦想发现大部分学校已经自发组织捐书行动，自己发通知、找纸箱、打包物流，而实际书到了什么地方，学校却不清楚。真爱梦想决定采用一种相反的思路：既然上海、深圳的学校每年都有图书捐赠活动，那真爱梦想是不是可以做他们最好的服务商？简化捐书复杂程度，降低捐书成本，提升捐赠图书效果，学校还有什么理由不合作？

说做就做。真爱梦想找厂家定做了标准装书用纸箱，“25公斤承重，七层瓦楞纸，纸箱上印有募书LOGO，下面标有哪个班级，捐多少本，什么类别，捐到哪里等详细信息”。同时，真爱梦想准备好海报、募集手册等宣传资料，全部快递到学校。

然后，真爱梦想在学校附近设立收书点，学校将书全部送达此处后，真爱梦想请物流公司处理。物流公司会将图书快速运送到真爱梦想在边远地区分布的巨大乡村学校网点。

然而，捐书过程仍然未结束。真爱梦想为乡村小学配置了电脑、图书管理软件和扫码仪，并用中央数据库系统将所有覆盖学校的图书馆藏数据和借阅数据进行统一管理。通过图书管理软件，“一扫码就知道哪个学校的书去了哪个地方”。

“这就是产业化的力量，真爱梦想将捐书这样一个最简单的项目都能做到这种程度”，吴冲不无自豪地说。48万册图书就这样在三个月内抵达目的地。

一个传统乡村图书捐赠项目，借助于先进的管理和IT技术，摇身一变成为充满创新细胞的优秀公益项目：项目取得规模化效果，人员成本分摊后极低，后期筹款也更容易，项目实现可持续性。

“这就是一种商业的创新”，吴冲强调，商业手段在公益领域的创新并不意味着所有东西都需要从头创造。在这种模式下，那种从垃圾堆淘书、捡破烂换书、卖房买书的方式将永远成为历史。而如果每年都能够几倍规模地推进这种模式下的捐书项目，无疑会成为“产业的创新”。

“所有管理工具、信息工具的出现其目的在本质上都是在解决提高效率的问题”，吴冲说，在每种新技术、每个新管理观念出现时，都可以去琢磨，这种新技术在公益领域有什么应用？这个新管理观念在组织架构里可以怎么用？

在“商”言“商”：只有市场化才可持续

专业物流公司为什么愿意为真爱梦想一路风尘，北上南下？因为公益？吴冲摇头：恰恰相反，是因为市场。真爱梦想付给物流公司市场化价格。

尽管也会有某个物流公司愿意将利润额一部分捐给真爱梦想的情况，但是“已经不可能靠着公益，来维持真爱梦想如今的项目规模”。所以，真爱梦想依靠所采购图书的规模性、付款及时性等市场吸引力，压低物流公司价格。至于价格多低才合适，这在吴冲看来，也属于可持续性的问题。短期内物流公司可以不赚钱，但如果长期不赚钱，对方也就“不会跟你玩了”。

吴冲认为，公益组织不应追求成本的非市场化，反而应该追求成本的市场化，因为只有市场化成本，项目才可复制推广。“成本越非市场化，模式越不可持续。”吴冲举例，如果一个公益项目要依靠五个明星每年用两个小时才能完成，那就意味着这个项目就只能维持现状，因为如果再找五个明星同样这么做便有难度。

在梦想书屋项目中，有一项“期刊冗余管理”业务。吴冲注意到，由于市场波动性，印刷期刊决策者面临两难选择，少印还是多印？印少了，不能满足购买者需求而亏损；而印刷多了，卖不出去便成为存货，变成“冗余”，而一旦成为存货，价值就会大跌。这是期刊普遍存在的现象。

针对这种商业现象，真爱梦想挑选了包括《少年科学》《科技新时代》《中国国家地理》等一批时效性不强但质量高的杂志，然后和这些杂志的印刷商去谈，让他们按照期刊数量上限印刷，卖不出去的部分，真爱梦想按照杂志边际成本价格“包销”。对于印刷商来说，这是只赚不赔的买卖；对于真爱梦想来说，原价 15 元的《中国国家地理》，三元就买到也是赚；对于贫困地区学生而言，三元钱就能看到这么好的杂志，也值了。

“这种做法就是对商业手段的创新性应用，而且只有在公益领域才能这样做”，吴冲说。他们不强调书的系统性和时效性，只需打包分拣就可以。而且，真爱梦想能够这样做还在于其在全国各地巨大的学校网点。“假如我们在全国只有 30 个网点，敢收这么多杂志吗？”没有规模化，很多事情是不能想象的。正是项目规模化后，才出现许多创新性应用。

鲶鱼效应，促成产业链分工

真爱梦想在高效解决了产业链上游的图书募集问题后，又如何解决产业链下游的图书使用率问题呢？

真爱梦想提供两种解决方案。一种是借助于“梦想中心”的力量。真爱梦想通常都会在各地区中心校里设立梦想中心——配置电脑的多媒体教室。

在这里真爱梦想开发课程，并培训老师上课。而梦想书屋一般都会设在各地中心校附近的乡村小学。这样，中心校可以检查乡村学校梦想书屋的使用情况；另外，真爱梦想也委托当地公益机构，比如专门在乡下做“推广阅读”活动的机构，去“巡视”梦想书屋。

而且，真爱梦想会根据为梦想书屋设计的中央数据库系统的借阅信息，有针对性开展推动乡村阅读的系列公益活动。

这种商业化高效率的做事方式会不会像外来入侵的物种一样，将传统低效的捐赠图书项目都踢出局？在吴冲看来，梦想书屋项目的存在必然会给公益教育行业带来挑战，但同时，“压力会导致创新”，其他机构必然会考虑如何发挥自己的优势。

比如，真爱梦想已将基础设施建设完毕，其他机构可以或者做中间商、或者提供落地服务等，而这些又恰是真爱梦想所不擅长的领域。吴冲说：“当每个机构都形成产业链分工时，整个行业才会进步。否则，多个机构都在做同样的项目，都在付出高昂的成本，又有什么意义呢？这是在浪费社会资源。”

基于这种思想，目前，真爱梦想已经与有图书捐赠项目的公益机构合作，以整合和细分市场。比如，与做推广乡村图书阅读的心平公益基金会合作，真爱梦想负责做整体方案规划，心平基金会与其他公益机构合作伙伴则分享如何在不同环境区域落地实施、如何做阅读推广、如何培养学生做图书管理员等。这样，“个体知识变成公共知识，整个系统效率便将得以提高”。

可持续性投资的秘诀：就像上市公司找投资人

真爱梦想能够尽情游弋在它所缔造的规模化公益教育海洋中，离不开持续的财务支持。在吴冲看来，公益组织可持续首先应该是筹资可持续，如果筹资不可持续，那所谓可持续就是空谈。筹资可持续是机构业务模式可持续的必然结果。

真爱梦想已形成“相对可持续性”捐款者。2010 年，机构 43% 的捐款者由 2009 年捐款者构成，大多数捐款人已成为持续性捐款人。另外，位于前十位的捐款者占真爱梦想捐款总额 70%，大额捐款人是真爱梦想的捐赠主力。

之所以能够实现财务可持续，真爱梦想“零管理费”（将捐赠项目款全额用于项目执行）无疑对捐款者形成一定吸引力。真爱梦想管理费很大一部分来自于基金会投资性收益。潘江雪和吴冲的金融背景让他们选择了这种方式。对投资收益虽不能有绝对把握，但会有相对风险控制能力。

另外，在筹款时真爱梦想有自己的一套“商业”逻辑，就像上市公司找投资人，或者像创业企业找风投一样去和潜在捐款者谈判。在谈判时真爱梦想有三个“杀手锏”：是否认同真爱梦想的价值观？“如果认同就有基本点”；是否认同将商业方法应用到公益领域的方法论？“如果认同，我们将会是你在中国的不二人选”；基于信息披露制度等一套信息公开系统，是否认为真爱梦想是可信任的机构？“如果认可，合作将基本可达成”。

目前，在“可持续财务”的支撑下，由于梦想书屋的配置与建设已成为

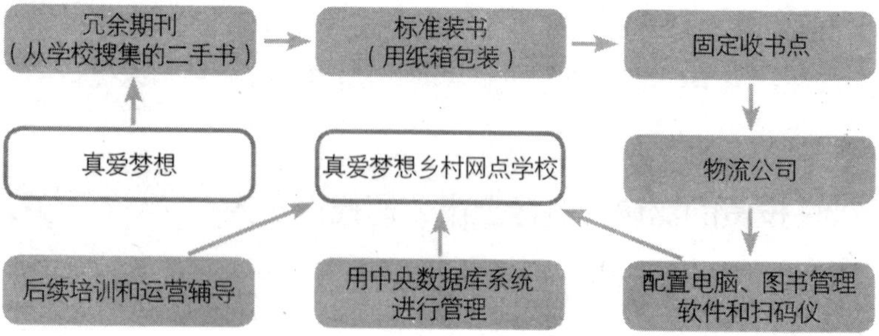

真爱梦想梦想书屋流程

标准化流程，并已实现中央集中采购物流模式，实现梦想书屋的扩张比较容易。未来五年，真爱梦想计划募集二手图书500万册，建设梦想书屋3000家，覆盖乡村学生50万人。“今后会在各地区大面积复制梦想书屋模式”，吴冲对此非常自信。

市场选择始终是多元的，吴冲并未觉得真爱梦想所提供的方案是唯一解决方案，或者是最终解决方案。只能说梦想书屋效率还是比较高的，“但高效率又未必是公益项目所要考虑唯一要素，如何去做最终还在于各个机构自身的选择”。

毕竟，中国每年有20万所乡村学校、约3000万乡村学生没书读，对于这个对图书有着巨大需求的公益领域，仅凭真爱梦想一个机构、一种方式是远不能能满足需求的。

（访谈兼撰稿：徐辉）

案例点评

真爱梦想项目的情况，与其说是对本项目设计和实施方式的描述，还不如说是公益慈善创新和行业发展的思想启迪。尽管读者的角度不同会得出不一样的感觉和体会，但对处于转型发展期的公益慈善行业来说，我认为有以下几点值得品味。

第一，公益慈善项目的设计有学问。目前，行业内大概没有人否认公益慈善项目需要做规划和设计，但能把商业项目设计的理念，把效率置于项目设计的追求目标，纳入一个看似普通的书籍捐赠项目中，形成运作高效的公益慈善项目，不是谁都能做的。结论就是：公益慈善需要专业的知识和经验。

第二，公益慈善组织存在的基础是效率。低效率的公益慈善项目和组织肯定不能吸引捐赠人的目光，更不会吸引捐赠人的持续参与和支持，换句话说，正是因为公益慈善组织的高效和专业，才使捐赠人主动把自己的款物委托给第三方使用，并感到托有所值。结论就是：公益慈善组织的工作目标是提高效率。

第三，公益慈善行业链的维持关键是利益激励。道德和社会使命是社会大众参与公益慈善的基础之一，但缺乏利益的激励，公益慈善行业形不成产业链，不能指望所有相关的机构和人员都长期无偿付出。真爱梦想项目的负责人无疑是明白的，效率和利益激励是市场机制不可缺少的因素。结论就是：公益慈善行业需要科学地把握奉献和利益的平衡关系。

第四，公益筹资需要有专业服务。没有募捐和筹资，也就没有现代的公益慈善事业。当我们还在以动员形式募捐，或指望企业（企业家）的大额捐赠时，发达的国家和地区早已把小额及个体的捐赠当成主体。但服务众多的个体捐赠者，无疑需要对服务对象有深入了解，特别是有吸引和服务捐赠者的能力和手段，因为保持原有的捐赠者并不断扩大新的捐赠群体，是公益慈善组织良性发展的关键。结论就是：我们应该培养和建立一支专业的筹款队伍。

综上所述，公益慈善行业实际上是一个需要各类相关专业知识的专门行业，需要细化行业的分工，需要培养专门的人才。没有行业化的发展，就不会有中国慈善事业的现代化。

点评人：郑远长 中央纪委监察部驻民政部副局级监察专员

机构简介

上海真爱梦想公益基金会是一家由金融业专业管理人员发起与运营的公益组织，致力于改善中国教育的不均衡状况，追求透明与高效的极致，通过系统化地提供公益产品和服务，帮助孩子们自信、从容、有尊严地成长。

网址：www.adream.org

延展阅读

1. 中国滋根乡村教育与发展促进会

www.zigen.org.cn

2. 立人乡村图书馆

www.xctsg.org

3. 中国担当者行动

www.dandang.org

4. （尤努斯）格莱珉银行

www.grameen-info.org

安徽民间组织发展研讨会

绿满江淮把安徽本土公益组织联合起来
在提升其专业化水平和与政府沟通能力的基础上
最终取得了安徽当地政府对公益组织在政策和资金方面的支持
安徽公益组织迎来了发展的春天

绿满江淮

让公益组织『抱起团来取暖』

2011 年 4 月，安徽省政府部门开始计划给本地公益组织“送钱”：安徽省民政厅决定从福彩公益金中拿出部分资金资助公益组织，只要符合一定条件，公益组织就可以申请福彩公益金，申请金额最高可达 10 万元，这在安徽省政府部门支持公益组织发展的历史上是绝无仅有的。

这一史无前例事件的出现，与安徽省本土公益组织联合起来进行共同倡导推动有直接的关系。而安徽省本土公益组织能够联合在一起“抱团”行动的背后，是民间环保组织是安徽省绿满江淮环境咨询中心（下称“绿满江淮”）和创始人周翔的努力。

安徽本土公益组织的发展环境并不乐观。虽然 2008 年的汶川地震激发了全民捐赠热潮，让政府认识到慈善力量的强大，并重视民间公益组织的发展，但相关政策和资金支持仍然缺失，中国民间公益组织整体上仍然处于初级阶段：规模小，数量少，发展步履维艰，安徽也不例外。

为推动安徽省政府部门对公益组织发展的支持，让安徽本土公益组织有更好的发展环境，绿满江淮把安徽本土公益组织联合起来，在提升其专业化水平和与政府交流能力的基础上，在本土公益组织的共同努力下，最终取得了安徽当地政府对公益组织在政策和资金方面的支持。安徽公益组织迎来了发展的春天。

誓走联合发展路

2008 年 7 月，从国际野生动物保护学会（WCS）主动辞职的周翔离开上海，又重新回到安徽的绿满江淮——他的环保梦想起航的地方。

2003 年，还是大三学生的周翔，联合 17 所高校学生在合肥发起成立了绿满江淮。当时周翔将绿满江淮定位于“大学生环保社团的交流平台”。尽管有环保梦想，但相信年轻的周翔在当时也未必能够预见到，他为绿满江淮所赋予的“联合”“平台”“交流”功能，会成为绿满江淮的基因，在六年后让安徽本土的公益组织焕发勃勃生机，当然也包括绿满江淮本身。

和大部分刚毕业的大学生一样，怀着对大城市、对国际 NGO 的向往，毕业后的周翔毅然放弃了创办不久的绿满江淮，选择去上海的 WCS 工作。被留在合肥的绿满江淮则以“绿林式”粗放运作形式，勉强维持生存。当这种方式维持到 2008 年，最后一个专职人员选择离开，绿满江淮面临解体的境地时，怀着对绿满江淮的不舍之情，周翔最终选择辞职归来，准备挽救绿满江淮于危难之中。

在上海宽松的公益组织发展氛围和规范运作的国际 NGO 中工作了五年的周翔，已经对安徽的公益环境非常不适应。那个时候，安徽政府和当地企业对于公益组织的概念是陌生的。在很多人的概念里，非政府组织与无政府、无政府主义是同义词。

安徽大部分公益组织也仍然停留在志愿者活动阶段，没有全职工作人员，更没有对于机构职业化和专业化的规划。即使有的公益组织想要招聘全职员工，也因为当地人对于 NGO 的不了解而难以如愿。

周翔从上海归来的使命已经不仅仅是挽救绿满江淮这家他一手打造的环保机构这么简单。没有安徽良好的公益环境，哪有绿满江淮的发展空间？没有安徽政府对于公益组织的正确认识，本地公益组织是不可能发展壮大的。只有安徽整个公益环境改变，绿满江淮以及安徽其他公益组织才会有前途；只有提升当地公益组织的能力，推动他们走向职业化和专业化，才能更有力量来推动安徽公益环境的改善。

从当时的现实情况看，没有哪家公益组织具备独力推动安徽公益环境改善的能力。“安徽公益组织必须要抱成团，才有改善公益大环境的可能性。”周翔暗下决心，以绿满江淮为平台和纽带，将安徽公益组织联合起来。

其实，有联合的梦想并不难，难的是怎么去联合。NGO 比较弱小，一盘散沙，难以发展壮大，是中国本土公益组织发展过程中面临的普遍问题。而且，司空见惯的情况是：某个公益组织在经历了千辛万苦终于发展壮大后，面临的首要问题却是机构内部人员的分裂和随之而来的机构分化，想要将本地的公益组织联合起来一起作战，谈何容易？

出钱又出力，迈出关键第一步

周翔自己也很清楚，每个公益组织都有自己的使命和方向，每个人的想法又千差万别，用什么样的方法把大家以“联合的名义”凝聚到一起，并为同一个目标而努力确实是个问题。

在国际 NGO 经过五年历练的周翔，不再是当初那个仅凭一股环保冲动做事情的毛头小伙子了，他已成长为成熟的公益组织领导人，胸有成竹，有谋有略，有条不紊地推动本土公益组织联合的进程。

经过半年的筹划后，正式的联合行动是在 2009 年 4 月。绿满江淮先拿出一部分经费，然后与当地其他四家 NGO 负责人和核心骨干联合发起“‘崛起’安徽公益组织发展计划”（下称“崛起计划”）。其中，负责这个项目运营的秘书处就设在绿满江淮。在经费不是很充足的情况下，绿满江淮仍然设专职员工，来专门策划和推动崛起计划的执行。

绿满江淮拿出的这笔重要的经费来自哪里？来自于绿满江淮主动承接的，中国国际民间组织合作促进会（下称“中国民促会”）的“民间组织能力建设项目”。同样在这个项目的支持下，崛起计划启动后，绿满江淮邀请北京公益领域的专家学者到安徽，不仅免费给安徽公益组织进行机构发展的培训，还为来参加培训的公益组织提供部分费用。

这些公益组织不仅不用掏钱参加培训，还能得到部分费用支持，这打消了很多公益机构“只出力，没好处”的顾虑，不再观望，高兴地加入崛起计划。

万事开头难，绿满江淮漂亮地迈出联合道路上的第一步，不是没有遇到误解。绿满江淮的这种做法也伴随着质疑声：联合？忽悠吧？是绿满江淮自己想垄断资源，做安徽公益领域老大吧？周翔坦然回应：我们不会做老大，甚至不是带领者，我们只是“协作者”“服务者”。这种思想也具体贯穿在实际行动上——用实际行动来消除其他公益机构的误解，获得支持。

比如，在这个崛起计划项目组成员构成的安排上，绿满江淮制定的规则是：每个参与这个项目的公益组织，至少要有一名工作人员成为项目组成员，进行共同决策。“这样每个机构都会有融入的感觉”，周翔强调，“这样一种安排也会让公益组织认识到，这是一个项目团队在做事情，来共同推动公益环境的改善，而非以绿满江淮一家组织的身份做”。

化整为零，解决资金困境

在对公益组织进行能力建设的“工作坊”项目中，每一场工作坊都会根据培训内容的不同，让与内容主题相关的公益组织成为“主角”，组织活动。例如：如果是开展残疾人权利意识的培训活动，则由为残疾人服务的公益组织来牵头组织，秘书处负责提供经费支持，并辅助其进行其他协调性工作。

慢慢地，越来越多的公益组织从刚开始的项目的参与者，成为项目的主动组织者。这种安排让愿意加入崛起计划的公益组织有主人翁的感觉。

为解决各个公益机构对人才需求的燃眉之急，崛起计划在开展工作坊的能力建设项目后，紧接着开始了“青年实习生项目”。具体做法是，由各个公益组织提出对人才的具体要求，然后由绿满江淮统一进行招聘，招聘后，绿满江淮会对这些实习生进行专场“入职前培训”，告诉他们到了公益机构应该怎么做。然后再把招来的实习生分配到各个机构去实习，第一次就招聘到了二十几个实习生。

按照周翔的说法，这种“联合作战”的方式还是取得了很好的效果。这20多个实习生到NGO后发挥了很好的作用，因为很多安徽公益组织没有专职工作人员，而这批实习生就相当于专职人员。

但是，如果联合的进程一直这样“要风得风，要雨得雨”，美好地进行下去也就不合常理了。在公益行业内，支持性的公益机构想要获得资金支持并不容易，通常而言，资助方更愿意支持直接为受助群体服务，有具体产出的公益组织。绿满江淮也不例外，崛起计划的资金获得同样也没那么容易。

与潜在资助方交谈时，周翔要去反复陈述做这件事情的原因和意义，因为“资助方更希望资助有直观产出的项目”，周翔笑称，他们的项目在申请支持资金时，是吃亏的。

“联合”的宏观概念和意义在潜在资助方面前往往言语乏力，绿满江淮采用了“化整为零”的策略，将崛起计划拆分成若干小项目，以小项目为切入点去分别申请资金。具体来说，崛起计划被拆分为三个部分：能力建设培训、人才培养、NGO外围合作。绿满江淮分别以这几大部分为基础，各自申请项目。

针对崛起计划项目所得到的资助是零散的，中国民促会、世界银行、联想公益创投计划分别从各自关注的领域给予了资助。这些资助虽然分散，但在一定程度上也保证了项目运行所需资金的可持续性。“芯世界”公益创新奖肯定了这种自发成立、主动发展、服务本地的公益群，为此提供了支持这个群继续发展壮大的无定向用途的奖金。

政府加大支持力度，绿满江淮亦获公募平台

说服合作伙伴进行资金支持时，绿满江淮还有另外一个策略：将项目产

出成果进行“量化”。这还是得益于周翔在国际NGO的工作经验——规范的资助机构的要求是什么，周翔心里很清楚。

围绕崛起计划的相关项目建议书中，潜在资助方可以看到以下可以楚衡量产出的指标：在一定时间内，有多少本土公益组织在民政部门注册；有多少本土公益组织扩大了资金规模；有多少人才加入公益领域。更不用说一个工作坊的活动中，周翔会将有多少人参与，多少人受益这种细节进行数字化的呈现了，“我们一定把指标性的东西凸显出来”。

在本土公益组织的联合努力下，有一个产出最让绿满江淮骄傲：经过两年的努力，绿满江淮直接孵化出安徽益和公益事业发展中心（下称“益和中心”），后者专注于对安徽整个行业的公益组织进行能力建设。孵化出益和中心后，绿满江淮本身将偏重于对环境领域的公益组织进行能力建设，关注青年环保人才的培养，与益和中心互相补充。

目前益和中心完全独立运作，有自己的办公室和工作人员，并已在2011年8月正式在民政部门登记注册。益和中心的前身是绿满江淮因申请世界银行项目而成立的一个项目组。实际上，益和并不是绿满江淮孵化出的第一个独立机构。在此之前，借助于联想公益创投项目的支持，绿满江淮已经成功孵化出三家本土民间环保团体。

经过两年多的磨合，安徽本土公益组织在实现“量”的增长和“质”的提升的同时，也已经完全打破过去那种“老死不相往来”的状态，在这个联合网络中互相磨合，彼此了解。周翔最大的期望是这些公益机构能够在联合中实现互相帮助，并共同成长。最终结成一个“群”，通过“群”的力量的推动，改善安徽的公益大环境，所有公益机构都将受益。

安徽本地公益机构所得到的最大的受益无疑是，安徽省用福彩公益金来支持其发展。如本文开头所说，这是安徽本土公益组织联合呼吁的结果。在多个场合，崛起计划成员都会向安徽省政府呼吁：政府应该更开放些，向北京、上海学习，这两个地方的政府部门都已经开始出钱支持公益组织的发展。声音还不够直观和有效，绿满江淮引荐安徽省政府的领导去参观了上海恩派公益组织发展中心（NPI）的社会创新孵化园，去看 NPI 是如何在上海政府部门支持下，扶持公益组织成长的。

和三年前相比，安徽公益生态环境已经发生质的改变。而绿满江淮本身也发生了质的变化。2011 年，绿满江淮与安徽省红十字会合作成立“绿满江淮环保基金”。这意味着绿满江淮，这家没有任何官方背景的民间环保团体，借助安徽省红十字会拥有了公募的平台。

支持性机构，为项目发展保驾护航

模拟一下常见的颁奖场面。为了表彰绿满江淮在推动安徽本土公益组织的联合，及为改善整个安徽公益环境所做的积极努力，现在周翔代表绿满江淮站在领奖台上。按照一般的程序，主持人会问：“绿满江淮最想感谢谁？”周翔一定会说是中国民促会和中山大学公民与社会发展研究中心（ICS）。

绿满江淮的发展离不开这两家机构的一直以来的支持。是中国民促会，在周翔心底埋下对公益组织进行能力建设培训的种子。早在 2004 年，还在 WCS 工作的周翔就参加了民促会第一次民间组织能力建设的培训。如今，这批学员里的一大部分已经成为民间公益组织的负责人。

周翔在参加培训后成为了培训者，开始对其他民间公益组织进行能力建设的培训，在他重返绿满江淮时，中国民促会为崛起计划提供了重要的第一桶金。而如果没有 ICS，崛起计划的脚步不会迈得这么快，这么稳。

ICS 本身就有支持地方网络化公益组织成长的使命，所以 ICS 几乎每个月都会特派一个工作人员到安徽，对绿满江淮、对崛起计划进行指导。ICS 会具体地告诉项目执行者，不同团体之间应该怎么去进行深度合作，合作的议事规则是什么，甚至帮助项目小组修改项目建议书。这为崛起计划提供了宝贵的支持，也为崛起计划在既定的轨道上前行起到了保驾护航的作用。

颁奖典礼接近尾声，周翔接下来的表现应该是：郑重鞠躬，对民促会和ICS一直的支持表达谢意，对所有支持过联合的其他合作伙伴表达谢意，对参与联合的所有安徽本土公益组织们也同样要表达谢意。

（访谈兼撰稿：徐辉）

案例点评

绿满江淮能够在安徽那样闭塞的环境下，决定发展对当地公益组织的支持，是很不容易的，有关部门的揣测且不说，仅仅是同行的质疑和不信任有时候就很致命。但是，公益组织如果不走联合的道路，那么公益的行业又如何能够形成？不管每个民间公益组织的故事如何动人，放到中国大变革的背景下，公益组织相对于政府和市场，仍然是微不足道的。这也同样是绿满江淮开始在安徽推动公益组织联合发展的背景。公益组织要获得社会的重视，得到政府的接受，甚至要影响政府和市场的政策改变，没有别的办法，只有自己能够整体做大做强。令人鼓舞的是，绿满江淮没有把组织一己之利看得过重，而是愿意做一个“冤大头”，出钱出力来带动安徽其他草根组织的发展。更加难能可贵的是，在不断的努力之下，安徽政府批准益和中心正式注册。这是一个真实的进步，让我们看到政府与民间良性互动的一面。

当然，除了绿满江淮的重要贡献，这个进步背后还有蒋倩、熊琼等诸多志愿者的辛勤努力，是安徽许多公益组织联合努力的结果。正是联合的努力使得今天安徽的民间公益组织发展有了新的格局。

绿满江淮的意义在于先行先创，也给其他内地省份一个新的指引：

衡量那些领导公益创新的地方公益组织的水平，不仅仅是看它自己做了什么，也要看到它为周边的公益组织提供了哪些支持。我们很高兴地看到，在广西、云南、重庆、四川等地都出现了这种新的支持性机构。值得我们关注。当然，我们也要问，有这样的机构，是否安徽公益事业的春天就到了呢？这还不能明确，绿满江淮仍需继续努力，支持益和中心的发展。可以肯定的是，安徽的公益环境在改善。这种改善从不来自恩赐，而依赖于许多像绿满江淮这样的机构的持续发展、共同努力。

点评人：朱建刚　中山大学社会学与人类学学院副教授

机构简介

安徽省绿满江淮环境咨询中心（简称“绿满江淮”）成立于 2003 年 9 月 24 日，是一家立足于安徽本土的民间环保组织。机构使命是通过保护环境行动、公众环境教育倡导和公民社会的推动，促进安徽人与环境的可持续发展。

网址：www.green-auhui.org

延展阅读

1. 广西安典公益文化交流中心

http://site.douban.com/andian/

2. 云南草根公益支持中心

http://wiki.ngocn.net/index.php?doc-view-56

欣耕工坊

其实
“吃完螃蟹”后的创新路径究竟该如何去走
不仅仅需要欣耕一家机构去探索实践
恐怕需要更多的公益勇士们去共同探索，只有这样
创新才有真正成功的可能性

欣耕工坊

梦想实验也疯狂

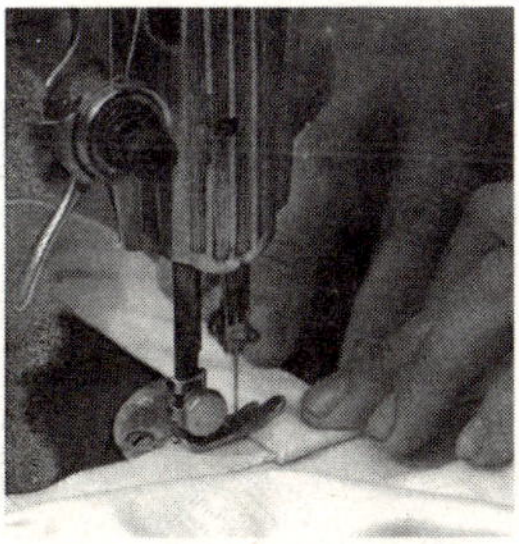

2006年8月，包括新加坡人朱柄肇在内的三位志愿者联合发起了一家社会企业——欣耕工坊（下称“欣耕”），希望能够开创“造血式”扶贫项目，以商业化运作模式提升弱势群体的社会竞争力，创造就业机会。

具体通过何种商业化运作模式来实现“造血式”扶贫？据欣耕网站介绍：通过发掘弱势群体的市场机会，搭建业务平台，通过产品设计、培训、生产、贸易、扶贫、再培训、再生产的方式来实现。

到目前为止欣耕已开创的扶贫项目有：河南家庭手工作坊、“自渔自乐”残疾人工作坊项目、利乐包做盆栽、地沟油做肥皂、咖啡渣种菌菇等项目。这些充满着创新细胞的项目都是朱柄肇和他的团队借鉴经验，结合实际，奇思妙想的结果。

尽管项目创新元素充足，欣耕也因这些创新而备受关注，但从目前了解到的信息显示，在这些创新项目中，欣耕所设想的那种完整地为弱势群体设计的产业链条并没有完全实现，尤其是从“生产”环节到“贸易”环节，对于可复制和推广的商业模式的探索依然在进行，“造血式”扶贫还有很长的路要走。

朱柄肇本人也承认没有一个项目是真正完全的成功。当然欣耕的项目也不是失败的，毕竟欣耕走出了第一步，而后续的步骤都是按照计划进行中。

“第一个吃螃蟹”的精神总是值得鼓励，欣耕将“灵光一现”所获得的创新灵感从概念变为现实，勇于去探索和实践的精神值得同行去学习和推广。在公益领域普遍缺乏创新精神和创新项目的今天，欣耕的这种在日常生活中就能找到创新思路的创新精神尤其值得借鉴。“问渠哪得清如许，惟有源头活水来”，同商业领域一样，公益组织只有不断去积极创新，才能够保持这个行业的活力。

当然，只有实现系统化和模式化的创新，完整的产业链得以实现后，创新才算是真正成功。欣耕还走在创新的路上，在为如何进一步在商业社会中搭建完整的产业链而跋涉着。

其实，“吃完螃蟹”后的创新路径究竟该如何去走，不仅仅需要欣耕一家机构去探索实践，恐怕需要更多的公益勇士们去共同探索。只有这样，创新才有真正成功的可能性。

创新思维来自于日常生活

朱柄肇最近在忙碌着做咖啡渣种菌菇的项目。简单地说，这个项目就是将咖啡渣这种垃圾“变废为宝”，当做肥料使用，培育出味道鲜美的菌菇来。

这个奇妙的项目创意是来自于一次天南海北的聊天中。在和一家咖啡加工企业的人士聊天时，朱柄肇了解到：加工咖啡的企业每天都会产生大量的咖啡渣，这些咖啡渣会作为垃圾直接丢弃。在国外生活多年的朱柄肇知道，咖啡渣这种垃圾如果处理不当，会产生细菌毒素污染环境，在国外，咖啡渣通常会被回收处理成有机肥料用来种花。

欣耕是不是也可以利用咖啡渣来做些什么？和往常一样，朱柄肇总是能够从日常生活的点滴中产生各种创意，并快速地将创意转化为欣耕的项目。

看到被丢弃的利乐包，朱柄肇马上就想到可以利用利乐包的特性，回收用于做花盆。利乐包的特性包括含有覆膜、不漏水等，正是这些特性导致垃圾回收站都不愿意收利乐包这种垃圾。

在电视上看到地沟油可以做肥皂的新闻，考虑到地沟油猖獗的现状，及对人身体产生的危害，朱柄肇马上动员员工去餐馆回收地沟油，然后尝试用其做肥皂的技术。“我比较不安分，喜欢不断地去尝试新东西”，朱柄肇将这种能够在日常生活中不断产生创意的特性，归结于自己的天性。

与其埋怨环境有多糟糕，不如每个人从小事情做起，那样环境就会慢慢变好。垃圾无论怎么分类都是垃圾，只有去利用垃圾，赋予垃圾另外一种使用价值，垃圾才不再是垃圾。而可利用的垃圾就在身边，是随处可见的，关键是要有“善于发现垃圾使用价值的眼睛”。这就是朱柄肇能够不停地产生奇思妙想，并能够去实践奇思妙想的“价值观”。

“虽然我们是帮助弱势群体增加收入的扶贫机构，但通过对废品的利用也同样能够产生经济效益和社会效益。”于是，利用咖啡渣去种植菌菇的项目在脑海中浮现后，朱柄肇就迅速将其应用到现实中来。

咖啡渣种菌菇：已有订单在认购

咖啡渣种菌菇项目的具体操作流程是：欣耕先与生产咖啡的企业合作，欣耕工作人员负责将这个企业积攒的咖啡渣收集回来，然后再将这些咖啡渣送到另外一个合作企业——菌菇加工厂中，工厂会在无菌环境下植入菌种。欣耕再将植有菌种的咖啡渣卖给城市的白领。菌菇最终会在城市白领的办公桌上绽放，然后成为入口的美味。

这就是被朱柄肇称为“从回收，到加工，到产出都没问题”的咖啡渣种菌菇项目产业链，这条产业链看起来也非常完美。但其实还是有值得完善的地方。

首先，收集咖啡渣的成本很高，按照朱柄肇的说法，甚至高于生产出来的菌菇，也就是说成本价格高于所生产产品本身的价格；其次，生产菌菇的工艺极其复杂，需要投入大量的设备，欣耕本身并不具备这样的产品生产环境，所以必须要找到愿意免费帮助欣耕生产菌菇的工厂。欣耕找的这家工厂的老板答应义务支持这个项目，然而一旦这家工厂的老板改变主意，菌菇生产项目将不可持续。

植入菌种的咖啡渣会以什么价格卖给白领？接下来欣耕又会采用何种措施扩大再生产？弱势群体又如何去复制这套模式？朱柄肇表示价格“保密”，

并一再表示，这个项目早已过了实验阶段，已经有计划地进行生产，并且明年会有更多的试点出现。“现在已经有订单向我们认购一些菌菇。”

咖啡渣种菌菇的项目已经上于2011年底市，并有了一个可爱的名字：Mumucoco。菌棒的定价为48元，并在上海公益伙伴日上首次亮相，虽然价格不菲，但依然很受参观者的欢迎。当然48元不会是农民大批量用咖啡渣做成的菌棒种菌菇的价格。

朱柄肇盼望着菌菇项目的成功。这样，“就可以鼓励农民去实践，农民的收入也就会因此增加”。

“自渔自乐”工作坊：社会效益大于利润收益

2009年开始实施的“自渔自乐”残疾人工作坊项目是欣耕在商业模式上运作比较成功的项目。欣耕和上海市静安区江宁街道合作，培养江宁街道残疾人和精神病患者的各种手工和缝纫技能后，通过销售其加工生产的各种工艺产品，来增加这些残疾人和精神病患者的收入。

具体说，欣耕负责进行产品设计、原材料采购，然后培训这些残疾人和精神疾病患者进行产品加工，欣耕会为其提供制作的补贴，并帮助寻找客户和销售渠道，进行产品的销售。

刚开始时会有人质疑，为什么会让这些病人做拿剪刀、踩缝纫机等对他们很危险的事情？但是项目实施的结果证明，通过做这样的工作，这些病人的发病率明显地降低。而且自渔自乐残疾人工作坊项目在项目实施培训七个月后，迎来了第一份订单：帮助上海城市超市生产制作了300个收纳袋。

但也有资料显示，欣耕希望通过本项目来改善学员的经济收入的这个目标，在项目周期内并没有实现。这些残疾人虽然会得到补贴，但金额不多；虽然已经有企业愿意与欣耕合作，但大多数企业仍然停留在初步沟通的阶段。

欣耕工作人员唐文君则表示，在这个项目中，这个特殊的群体需要更多的时间，所以不能简单地用利润率来衡量项目的成功与否。“正常人培训三个礼拜即可，培训他们却花费了八个月的时间”，文君说。这些病人在得到补贴的同时，欣耕更看重的是参与这个项目还可以对这些病人起到工疗的作用，让他们的发病率降低。这个项目的意义在于其社会效益要远大于利润收益。

值得注意的是，尽管唐文君强调会提供给这些残疾人和精神病患者补贴，但这些补贴的费用从理论上应该来自于产品销售的利润。由于补贴在前，产生的销售利润在后，一旦产品滞销，或者是利润减少，补贴必然要由欣耕垫付。

不介意成为“小白鼠”

河南家庭手工作坊是欣耕工坊自成立后发起的第一个项目。在河南贫困弱势人群中开展环保类产品家庭手工作坊项目，组织和培训农村妇女参加生产获取收入。据欣耕网站介绍，至今已为 100 多位 30~50 岁的当地妇女提供培训和生产就业机会，人均月补贴能达到约 300 元，其中三分之二的妇女已自己创造就业，大大提高了农村妇女的家庭地位。

“这些妇女从主观意识上已经有了改变，对我们的依赖性也在降低”，唐文君表示，欣耕希望所有的受助对象最终都可以离开欣耕，去尝试自己的路。唐文君在欣耕已经工作两年多了，吸引她留在欣耕的最主要原因是：欣耕推进的商业模式。

朱柄肇自认为“想法多”是欣耕的强项，而如何将这些想法转化为现实，朱柄肇的要求并不高：在 100 个项目里，可能会有一两个成功。朱柄肇很明白，很多时候想法只是理想化的东西，操作时还是要看天时地利人和。适当的时机，找到愿意合作的合作伙伴，并且有市场需求才能最终有好的结果。朱柄肇说：“很多人问我欣耕赚了多少钱，其实没赚多少。”

在某种程度上，欣耕是个实验室，在这个实验室里，朱柄肇可以实践他的各种想法。“也许不会成功，但是我走了第一步，我失败的经验也将是别人的经验。后来者在做的时候，也会知道什么是他们应该避开的。”朱柄肇并不介意欣耕成为各种创新项目实验的“小白鼠”。

通过和朱柄肇及唐文君的对话可以体会到在现实中欣耕所开展的各种项目，其倡导意义要大于其所注重的商业意义和扶贫意义。朱柄肇也坦承，他也希望通过欣耕执行的各种项目让人们都能够去找到“变废为宝”的途径，而不是将所有的问题都推给政府，认为这是政府应该承担的事情，与自己没有关系。“其实这是我们大家每个人的事情，比如，如果每个人都去关注地沟油，都去做一点，地沟油就不会成为社会问题。”

至于最近一直在忙碌的咖啡渣种菌菇项目，朱柄肇也希望这个项目能够成为环境教育的一个工具，起到一种环保启发的作用。

（访谈兼撰稿：徐辉）

案例点评

近些年来，公益界里的各类“创新”大赛日渐增多，对推动这个行业的发展、鼓励用创新的方式解决社会问题起到了积极的作用。但有些大赛对于“点子”的关注胜过了对于后期“执行”的关注，结果有些获奖项目在奖金到手之后并未如申报奖项时所期望的那样取得实际效果。

我们当然不能要求每一次创新都成功，那样既不公平也不现实。事实上，在公益领域，“创新”还远非普遍的意识和行为，而更像是少数人按耐不住的“天性”。这种天性正是社会企业家（social entrepreneur）所必需具备的特质之一。他们总是会敏锐地捕捉到社会上不被关注或尚未满足的需求，特别是那些“金字塔底层”的需求。他们总是不安分地想要用更巧妙更有效的方式去解决社会问题，他们总是能够从每天海量的信息（不管是从电视新闻中还是从闲聊中）激发出有创意的点子。这种特质亟需从少数人的“天性”变成更多人的自觉“意识”。

社会企业家的另一种特质是“资源动员能力”，或者更通俗地说是“能成事儿”。仅有满脑子火花，充其量是个“梦想家”，而只有调动方方面面的资源来把想法付诸实践，才有望成为我们这个社会所稀缺而又迫切需要的“change maker”。

对于各类评奖而言，发掘和支持更多的社会企业家是其题中应有之义。因此，在评奖的时候，不仅要关注想法本身，还要将更多的关注放在计划书的实施部分，严谨地分析其可行性。在评奖之后，如果能够不仅是发放奖金，还提供其他支持来帮助实施，并对最终的结果进行评估，当会促成更多社会创新的出现。

点评人：顾远 Aha 社会创新中心创始人、CEO

机构简介

上海欣耕教育信息咨询有限公司（简称：欣耕工坊）致力于提升弱势群体社会生存能力，授之以渔，为其创造平等的发展机会。通过发掘弱势群体的市场机会，搭建业务平台，通过产品设计、培训、生产、贸易、扶贫、再培训、再生产的方式，开创“造血式”扶贫项目，以商业化运作在为弱势群体创造社会竞争力、独立生存能力的同时，帮助他们重建信心，致力于从根本上解决弱势群体社会问题。

网址：www.xingeng.org

延伸阅读

1. 彩禾家

www.ja-bru-rigs.com

2. MARKETPLACE

www.marketplaceindia.com

3. Fair Trade Foundation

www.fairtrade.org.uk

公益创新：视角与观察

“芯世界”公益群的价值和创造

杨 团*

本书是2011“芯世界”公益创新奖优秀项目的案例集。“芯世界”公益创新奖举办两届以来，形成了一个“芯世界”公益群。

“群”是21世纪的一个新理念，由跨国公司博思艾伦首先提出。当人类面对共同的难题和共同的影响，为了完成任何一方都无法独自完成的使命，必须凝聚来自多方的多元力量，按照共同商定的规则组织起来，进行决策并且执行。相互不理解，不能共同决策，更不能执行的所谓协同只是一种形式化。“群”就是摒弃形式化，开放且富于弹性的一种新型非正式组织形态。

“芯世界”组委会由来自政府、企业和社会部门这三大部门的多家机构组成：民政部社会福利和慈善事业促进司、英特尔（中国）有限公司、中国扶贫基金会、南都公益基金会和北京万通公益基金会。而且，北师大壹基金公益研究院、上海联劝基金会、上海市慈善教育培训中心、ICT志愿者联盟、《时代周报》、搜狐公益等机构、企业和非营利组织积极参与其中，发挥了重要的主体作用，形成了中国公益界迄今为止跨界范围最广、参与机构主体性最强、协同合作和稳定性最好的一个公益群。颇具启发意义的是，“芯世界”公益群的成长速度之快让人瞠目结舌，2010年还只有两个部门、两个机构，

* 中国社会科学院社会政策研究中心副主任。

而 2011 年，已经发展为三大部门 12 家机构。

“群”和平台有所不同。它蕴含着平台所不具备的新理念和新方式。平台往往用来形容能够给多方提供机会的场所或空间，包括信息沟通、成果展示、关系联络、商机捕捉，而“群”则是一个实体——非正式，但又具有常态化和组织性功能的实体，其目标是解决问题、做出决策和共同执行。

当今世界有无穷无尽的复杂问题，无论是全球气候变暖、环境污染、巨灾频发、新型传染病、贫富两极化、恐怖主义、军事袭击等等，经常演化为大规模突发事件，而且多头并发、复杂嬗变。为了处理好这些问题或事件，各种组织不能不联合起来组成各种各类的“群”。世界前所未有地需要“群”这种开放式弹性化的组织形态，“群”的组织形态也显示出前所未有的可行性。

在中国，我们公益界的“芯世界群”，就是应公益界的需要产生的。“芯世界”公益创新奖绝不仅是一个评奖活动，而是要倡导和开发中国公益界的创新之路。这个目标绝非一个主体、一家机构能达成。整合各方力量，倡导公益创新需要开放的公益群的权威和新的组织及沟通方式。

非正式组织——“群”，摒弃正式组织的集中统一决策方式，由集体选择来代替。不需要一个唯一的权威，而是通过争论和协商，达到大家都可以接受的优化结果。“群”的利益能够优化，在于没有哪一家利益最大化，谁的利益都不最大化才会有优化。“群”的思维和组织方式使得明确问题、决策和执行始终处在一个健康、积极、有效的运作状态。“芯世界”公益创新奖评奖（初审、复审和终审）的整个过程证实了“群”的方式的有效性，维护了公正、公平和专业原则。

一种重要的理念可以驱散我们周遭的迷雾，使得我们对世界的看法焕然一新，让我们思考问题的方式随之改变，“群”就是这样。它既不是政府部门的汇聚和政府的单一决策，也不是政府部门和企业社会责任的公私合作，而是针对共同的使命，将政府、企业、公民社会三大部门组织的决策者汇聚起来，以更加开放、更加团结，甚至更加分散、富有弹性的方式构建激励，共担责任。

不仅“芯世界”是一个公益群，我们还看到全国各地有众多的公益群在发力、在成长。例如，获得“协同合作奖”的安徽公益组织“崛起”计划，由安徽五家公益组织的负责人发起，他们主动寻求与政府、企业部门的合作，快速提升本地公益组织的成长速度，营造了本地的公益氛围。他们就是很符合“群”定义的优秀的公益群；还有获得“先锋倡导奖”优秀奖的信阳农村养老资金互助社项目，是当地农民组织、政府部门还有企业合作的；获得“技术应用奖”的西部绿化行动项目；获得“低碳实践奖”的上海绿色帮扶项目，以及获得北京万通公益基金会资助的参与式生态社区示范项目和天津泰达生态社区试点项目，等等。它们都在项目实施过程中组成了三方参与决策和执行的公益群。这说明“群”，而不是正式登记注册的社会组织机构，已经在中国公益界占据了相当重要的位置，他们的运作已经遍布多领域、多区域、多层次，成为适应我们这个时代需要而诞生的新生事物。

创造一个成功的群，需要什么?

一要有开阔的视野和博大的胸襟。“芯世界”公益群的使命是要以跨界的非正式组织形态促进创新公益链的生成。其中，发现和培育公益界领军机构和核心项目是其使命的焦点。“芯世界”公益群绝不是在一个相对短的时间内、仅仅倾向于某个特定方面特定项目的有限结盟，也不是适应社会组织筹款难的需要而设立的资助平台，而是为了自己厘定的远大使命而自我搭建的自主型新社会结构。目标与时俱进，蓝图不断修正，加盟和评奖程序、扶持领军机构的创新制度不断演进，透明和公信力的不断加强，这才是“芯世界”公益群自我实现的要求。当然，“芯世界”公益群的成长方式取决于各个组成机构的成员对于自己共同核心利益的理解、阐释和和构想，这项工作还需要持续进行和不断改善。

二要建设一个成功的群，就必须建立开放的网络。让所有新成长起来的名不见经传的NGO，甚至在偶然的场合，譬如不只是为申报奖项而与“芯世界”公益群的人员相见相识，了解“芯世界群”。而不是像老牌基金会和NGO那样有集中和紧密联系。这就是开放网络，其实这些互不相识甚至还缺乏共同点的参与者之间的联系都叫做弱连接。有一个理论说，社交网络的弱连接比强连接更重要。因为在熟人圈子里的强连接信息很相似，而弱连接常常可以打开完全不同的一片资源天空，还可能带来新的专业技能。

跨界的创新公益链怎么打造？我要说，就是要创建一个个成功的群，就是要有开阔的视野、博大的胸襟和开放的网络。

“芯世界”公益群正在创造一个中国以往从未有过的新社会结构，让我们不断自我更新、自我完善，坚持走下去；5年，10年，20年……伟大是熬出来的，只要你、我、大家一起努力，“芯世界”公益群一定能熬成一个伟大的群。

慈善事业急需创新和发展

郑远长

自 20 世纪 90 年代以来，我国现代意义上的慈善事业开始进入快速发展时期。时至今日，慈善事业已经有了翻天覆地的变化：一是慈善事业的地位上升到社会保障体系的重要补充，列入社会发展的重要内容；二是法律法规和制度建设取得明显进展，《公益事业捐赠法》、社会团体、基金会和民办非企业单位的登记管理条例、《企业所得税法》和相关的《合同法》《信托法》《救灾捐赠管理办法》《公益事业捐赠票据管理办法》等构成了慈善事业发展的基本法律法规体系；三是慈善事业具备了一定的发展规模。在全国截至 2010 年底的 43.9 万个社会组织中，有大量直接或间接从事慈善工作。其中，基金会数量达到 2168 家，各地基层慈善捐助工作网络发展迅速。慈善捐赠总量在 2010 年达到 700 亿元左右；四是专业的慈善工作队伍基本形成，大量的各领域、多学科、有丰富背景的专业人员投身慈善事业，慈善事业专业化程度明显提高。

我认为，我国慈善事业发展必然要经历起步发展期、稳步成长期和成熟发展期三个阶段。经过近 20 年的起步发展后，以 2008 年的慈善元年为标志，我国慈善事业已经迈入稳步成长期。在当前和今后的十余年，我们将见证慈善事业的稳步成长和发展，并为慈善事业迈入成熟发展期打下坚实基础。为此，当前急需以创新的思维和行动，突破制约慈善事业发展的慈善意识、制度建设和能力培育等关键问题。

一是在提供公众慈善意识方面要有新的创新和突破。慈善事业已经走过了普遍受质疑和偏见的时期，确立了其社会保障重要补充的牢固地位，以及改善民生、促进社会和谐的崇高使命。但如何看待从事慈善服务的民间人士和机构，如何界定和处理好民间慈善机构和政府部门的工作关系等，依然在社会各界，尤其在政府不同部门和人员中有很大的差异。自信、大胆、放手和鼓励民间人士和机构从事慈善事业，大力扶持慈善组织在社会管理和社会服务领域发挥好政府的补充和助手作用，建立慈善组织和政府部门之间的合作伙伴关系，既是思想观念上的突破，也是慈善意识上的创新。引用民政部李立国部长的话，如果我们不能克服“把什么事都搂在怀里、抓在手里，自己做不好又不让社会做”的惯性思维，慈善事业难以良性发展。

二是在慈善制度建设上要有新的创新与发展。完善的慈善法律法规和制度既是慈善事业成熟发展的标志，也是慈善事业稳步发展的保障。要整合目前碎片化的慈善法律法规和制度，首先要解决慈善组织的认定问题，并建立一系列慈善行业的规则和工作程序，从而走向行业监管和行业培育发展的道路。首先是在法制建设上加快出台慈善事业法，并要把慈善组织认定、慈善组织管理架构等问题作为立法重点；其次是在行业建设上培育大量专业的、有公信力的慈善行业组织（中介组织），建立规范的、专业的和严格的政府行业监管体系，并开展慈善信息公开透明制度建设，通过政府、社会和行业自身，共同打造让社会公众放心的慈善事业。

三是在能力培育上要加大扶持力度。慈善组织的能力建设只有在慈善实践中才能锻炼成长。在今后至少 10~20 年的时间内，我国将依然处于社会经济发展很不平衡的状况中。慈善服务既要面对扶危济困、帮教助学等传统内容，也要面对不断增强的社会管理和社会服务需求，这些都是慈善组织及其人员将要面临的巨大挑战。从欧美国家到香港特区等慈善事业发达的地区的情况看，我国急需加强慈善组织及其工作队伍的能力培养，从提供一般性的救助服务到专业的社会服务。在培育方式上要改变慈善资金主要靠捐赠的投入形式，加强政府购买服务的引导作用，培育出大量专业的、扎根于基层社区的、群众广泛参与的慈善组织。

社会创新：一种已经发生的未来

顾 远

进入新千年以来，发生在全球各地的一些事件正呈现出某种共同的未来趋势。2014 年，欧盟将全面启动“社会企业支持计划”;2012 年，英国的“大社会资本”将正式开始运作；2011 年，在牛津、维也纳、首尔、曼谷、圣地亚哥等地，社会创业家和他们的支持伙伴们举办了各种国际性的论坛和会议；2010 年，英国杨氏基金会发布“社会创新指南”；2009 年，美国奥巴马政府成立“社会创新办公室”；2006 年，“小额信贷”模式的创始人尤努斯获得诺贝尔和平奖；2004 年，伯恩斯坦出版《如何改变世界》一书；2003 年，《斯坦福社会创新评论》创刊……将这些事件联系在一起的是一个对很多人来说尚显陌生的概念——“社会创新”。

理解“社会创新”先要对“创新”有所认识。如果必须在 17 世纪的贵族和今天的中产之间选择，大概很多人会选择成为后者，因为今天的人们已经很难习惯没有电灯、自来水、室内卫生设备、汽车、互联网……的生活，而这些毫无疑问都是创新的产物。

然而，创新并不仅仅与科技发明有关。一些非科技类的创新对人类社会的发展起着同等重要的作用。“分期付款”的出现大幅提高了人们的购买能力，使经济得以更快速地增长，而“有限责任”的概念则通过降低创业的风险刺激了人们创业的热情。事实上，一项伟大的科技发明经常只有在其他条件都具备之后才能真正成为一项带来巨大社会变革的创新。1814 年英国便已出现了成熟的铁路技术，然而直到市场上出现大量的廉价劳动力和中产阶级流动性的迫切需求，加上急速扩张的海外市场和股份制公司形式的恢复，才真正使火车成为推动英国产业革命的引擎。

物质需求和财富的增长是人类长期存在的普遍需求。亚当·斯密给出的解决方案是“劳动分工”加“自由市场”，而马尔萨斯则悲观地指出人类经济增长存在着极限，人口的增长最终要超过食物的增长，资源最终将会耗尽。熊彼特是将创新引入经济分析的第一个人，他将创新定义为“建立一种新的生产函数”，也就是说同样的要素投入因为用了创新的方式于是能够带来更多的产出，因而人类可以不断打破经济增长的极限。这种对于创新功能的认识使创新在经济和商业领域里得到了高度重视和极大发展。

与经济领域内的创新同样久远的是人类在社会生活领域内进行的创新。从近代以来民众自发兴起的“合作社”到工业革命时期改良主义企业家所做的“工厂社区”的尝试，从俾斯麦在统一后的德国首次推行“社会福利”政策到近十年来日趋成熟的“碳排放交易”制度，个人、企业、政府和民间机构都成为社会创新的发起者。尽管创新的领域不同，他们都在尝试用更有效率、更具效果、更可持续或更公正的方式去解决普遍的社会问题，满足迫切的社会需求。

对社会创新的期待从未像今天的时代这样急切。一方面，粮食、清洁饮用水、住房、医疗卫生等传统社会问题在世界很多地方仍没有得到有效解决；另一方面，人口老龄化、气候变化、环境污染、能源危机等新问题正在日渐加剧。与此同时，从重视物质上的“welfare”（福利）到重视精神上的“wellbeing”（安乐），从增加就业到“体面工作”，从吃饱穿暖到“良知消费”，新的社会需求也在要求用更加创新的方式去实现。

社会问题的特征之一是其“错综复杂性”，往往问题的因果链不宜察觉。

联合国的一份报告曾指出缺少清洁饮用水对非洲妇女的地位有重要影响。原因在于大多数家庭中去遥远的地方取水的多为女孩，这些女孩因此减少了去学校上学的时间；由于受教育不足，他们难以就业，而由此带来的经济地位的下降又直接影响其社会地位。所以一项帮助当地解决饮用水问题的社会创新带来的社会效益远不是只有解渴。

从另一个角度来说，很多社会问题能够真正有效解决依赖于出现系统性的变革。对于各个国家的政府来说，国民的医疗保障都是一项巨大的开支，而科学研究已经证明，大多数的疾病产生的真正原因并非人的生理因素，而是外界环境因素和个人的不良生活习惯。显然要提供更好的医疗保障绝非仅靠政府就能有效解决而是需要多方参与。出于对系统变革的认知，很多基金会（或许很少人知道，基金会也是慈善领域里的一项影响深远的社会创新）开始改变过去那种“撒胡椒面”式的资助方式，转而资助解决特定社会问题所需要的各方机构。事实上，那些伟大的社会创新无一例外地都需要多方参与，也都会引起系统性的变革，特别是人们观念上的改变。Linux 建立了一种“开源”的文化，尤努斯的格莱珉银行改变的则是扶贫的方式和人们对穷人道德观的认知。

社会创新的各个主体在近 20 年里也经历了很大的变化。政府部门意识到与企业和 NGO 的合作并非仅是外包服务、政府采购那么简单，开始通过制定政策、提供资金、建设支持性网络等方式鼓励更深度的合作和共同参与式的社会治理。企业在平衡经济效益和社会效益的决策中，从“重经济效益轻社会效益”发展到“经济社会效益并重”进而开始“通过社会效益来实现经济效益”。以 NGO 为代表的第三部门一直被视作社会创新最重要的主体，然而有限的资金、人力等资源约束了其实现创新的能力。很多 NGO 转型成为能够自我维持并提供更高效服务的社会企业，另一些则积极尝试利用各种创新工具满足自己的资源需求。

于是为了更好地实现社会创新，解决社会问题，三大部门之间的界限不再如过去般泾渭分明，“跨界”合作已成为必然的趋势并正在被广泛实践。这种“跨界”的最好体现或许是在我们这个时代里冠以“社会”字样的称号越来越多：社会企业、社会事业、社会艺术家、社会设计师、社会创业者、社会投资人、社会硅谷、社会特许经营……

普通公民也正在成为自下而上进行社会创新的重要力量，大量的“社会创业家”在世界各地出现并开始形成自己的网络。著名的社会创新支持性机构阿育王已在全球70个国家建立起了超过2500人的社会创业家网络，并于今年开始了其在中国的发展。

信息通信技术的发展使得更多人参与社会创新成为可能。微公益、众包、小额捐赠……这些新兴的概念（往往以“crowd”打头）正被越来越多的人所熟知和尝试。英国的电信服务商Orange利用手机上开发的App使用户可以很方便地为自己喜爱的公益项目捐款，一些企业则让顾客在网上投票来决定自己为哪一家公益机构或哪个公益项目捐款。美国白宫的网站上，人们可以任意发起一项公民倡议或者为他人的倡议投票，任何倡议只要获得一定数量的投票都将被美国联邦政府正式评估。

世界范围内对社会创新的关注和系统研究虽然只是最近二十几年的事情，但如今该领域已经有了自己的代表性人物，有了自己的专业学术期刊，有了众多的研究机构和实践者，吸引了商业投资，获得了政府的支持，一个生态圈正在形成。最重要的是，这个领域里已经有了清晰的愿景和使命，而实现的手段和路径也更加明确。

在这个领域里发生着的林林总总的变化正在揭示出一种愈发清晰的未来图景：各个领域的组织和个人——政府、企业、NGO和普通公民，在共同治理的机制之下，通过跨界合作，用创新性的方法系统性地解决我们在社会中共同面对的问题。

公益创新趋势观察*

2011年，“芯世界”公益创新奖组委会共收到申报书391份。其中有效申报382份，分别来自于北京、上海、四川、广东等31个省、市、自治区，其中既有富有创新与探索精神的项目，也有扎扎实实在社区开展多年、成绩斐然的项目，还有在传统公益领域坚持不懈且卓有成效的项目。这382个项目地域覆盖面广，种类繁多，服务类型全面，机构形式多样，从某种程度上说，它们代表着中国公益创新领域最活跃的力量。

通过对382份申报书的分析以及和“芯世界”申报机构的日常沟通，“芯世界”公益创新奖初步将对中国公益创新发展趋势的观察，总结如下。

公益创新地域较为集中，主要集中在北京、上海、广东、成都等地。以北京、上海、成都和广东为代表，其中北京和上海最为活跃。东北、西北、华中各省尚处于酝酿发展阶段。公益领域的活跃度和经济领域活跃度惊人相似。当然，在西部，除了成都，甘肃和陕西较为活跃。

公益创新领域趋于多元化。主要创新领域集中在关爱服务、教育和科学以及社区发展、低碳环保领域。

公益与ICT技术的结合，已经成为当今公益创新的焦点之一。“互联网公益”势头正劲，不仅涌现出了E-tree网络植树项目、善淘网、益赠网这样的在线公益筹款平台，ICT技术还成功地与应急管理（如“58-85救援平

---

*根据2011“芯世界”申报资料分析归纳。

台”）、关注弱势群体（如声波网）、扶贫教育（如“一公斤捐书网”）、社区发展（如“青少年事务社会工作信息化管理”）等领域结合。信息网络及支持平台建设逐渐成为公益创新的一种新模式，为传统公益注入了新鲜血液，例如专注为公益组织提供ICT解决方案及应用的“益云”，以及为环保类公益组织搭建在线信息及沟通平台的“中国青年环境交流平台”。然而，正如复审评委点评中所述：中国公益组织的技术应用领域还有所局限，在具体的项目实施和开展中技术运用得不足。这就寄希望于公益组织进一步提高自身的业务能力，理顺业务需求，用创新的理念改进传统模式，通过对ICT技术的应用，提高公益组织的整体服务价值。对于很多可以借助ICT技术改善和解决的社会问题，公益组织可以通过与ICT行业和相关技术公司的进一步合作来提高自身的应用水平。

创新型公益项目运作趋于寻求跨界合作。公益组织已经不再局限于与政府以及公益领域内部机构的合作，而是加强了与商业机构的业务合作，探索各利益相关者的互惠共赢模式，因此出现了新型的社会企业模式。以“彩禾家”为例，以互惠共赢为原则，在产业链各环节开展深入广泛的合作：在社区层面，与村委会会合作；在产品研发上，与设计师共同投资，共同获益，各自分工；在市场销售上，零售商既是销售伙伴，也是公益理念的传播合作者。

倡导性公益项目开始注重对新媒体的运用，传播方式趋于多样化。2010长江冰川拯救行动，以科学考察为基础，采用大地艺术、青年登山及论坛、音乐会、联合国气候大会上的边会、展览等多种形式，把枯燥的科考数据和信息转换成生动直接的视觉、听觉冲击及多样化的展示，把关注冰川退缩和低碳生活联系在一起，为媒体提供多样性化的报道题材，影响更多人群的关注。CNEX以纪录片制作为核心，系统地开发出主题纪录片影展、两岸三地校园纪录片巡回影展、国际华人纪录片提案大会等项目，主题影展与校园巡回影展的纪录片公益推广模式吸引了众多观众，引起国际社会及国内公众对中国人文社会发展变迁的关注。

城市社区发展项目将专注于稳步提升低碳理念的传播，进而将低碳实践融入民众的日常生活。如泰达生态社区试点实践及新城市社区治理模式的探索、参与式生态社区创建示范等项目都在成功引导民众身体力行地参与到低碳实践活动中来。

小额信贷成为农村扶贫模式创新的重要形式。从 20 世纪 90 年代中期开始，一些从事扶贫工作和研究的人士以孟加拉国尤努斯教授的小额贷模式为蓝本，在中国的西部地区，开始了为中国不能享受传统金融机构服务的人群提供小额度贷款的尝试。此次公益创新奖 40 强项目中，小额信贷项目有三个，它们各具特色。“资金互助促发展，利息收入敬老人”是信阳乡村建设协作者中心的养老资金互助社工作模式的高度概括，他们对中国农村金融和养老制度进行了积极的探索。虽然小额信贷已经一路坎坷的走过了十几个年头，但真正能够实现“可持续发展”的项目和机构并不多，中国的公益组织要想真正实现小额信贷成功模式的推广，仍有很长的路要走。从国外理论和实践看，小额信贷首先是一种信贷模式，而不是扶贫方式。在这个大前提下，很多公益组织首先应该转变思想，理解小额信贷的理念、管理体制、运行体制、操作规程等。与此同时，小额信贷机构的产品也应该多样化，具有多种适应性，遵循需求导向。这就要求中国的公益组织不断学习专业的管理和金融知识，提高自身的战略规划能力，以创新作为可持续发展的动力。只有主动地进行全面、合理的创新，才能真正推动中国小额信贷的可持续发展，推动农村金融全面发展的新格局。

公益科普引领风潮。今年“芯世界”公益创新奖 40 强，北京市朝阳区哈赛科技传播中心入围了两个项目：科学松鼠会和果壳时间。虽然二者的表现形式不同，但都是关注全新的公益领域——科学普及，致力于在大众文化层面传播科学，提高民众科学素养。这两个项目引发了公众尤其是年轻人之间学习科学知识的新浪潮。在全球化、信息化的时代背景下，对科学的探索必将引发持续的社会创新。

政府在“十二五”规划中提到了创新社会管理要通过社会协同、公共参与以及发挥社会组织作用的指导思想。我国目前经济发展、政局稳定，政府对民间力量从事公益事业持支持的态度，这些都给了中国公益组织更大的发展潜力和创新空间。我们有理由相信，未来的公益创新之路上，会出现更多、更有社会价值的公益创举。

注：所有分析均基于2011年“芯世界”公益创新奖收到的申报书，组委会尝试从中观察并分析未来中国公益领域创新的趋势。限于奖项推广和知晓率等问题，并不能覆盖所有公益组织。

异域体验：韩国社会创新之旅

朴大叔的美丽商店

周 贤[*]

自 2002 年创建以来，韩国慈善商店“美丽小铺”（Beautiful Store）已经遍布韩国主要城市，多达 114 家。美丽小铺年营业额达 40 亿韩元（相当于人民币 2600 万元），拥有 5000 名志愿者，并以每个月新增一家分店的规模不断成长；10 年来，共计为社会提供了 200 亿韩元的公益贡献。

和中国一样，韩国社会并没有“闲置捐赠”和“穿二手衣”的习惯；相反，人们总觉得穿“别人穿过的衣服”，用“别人用过的东西”会带来不吉利。而慈善商店的运作模式，恰恰提倡人们捐赠闲置衣饰、物品、家具和书籍等，再次低价销售，销售收入在扣取了营业成本后用于公益。2002 年之前，慈善商店从未出现在韩国民众的视线里。然而，对于正在英国政治经济学院学习的韩国人朴元顺（Park WonSoon）来说，伦敦大街随处可见的慈善商店给了他启示。

朴元顺，这位“神奇的朴大叔”，曾是韩国著名的人权律师、公民运动领袖。在韩国军政府独裁黑暗统治的年代里，朴元顺参与反对军人独裁的民主化运动，为在军人独裁政权下受到迫害的公民伸张正义。1997 年金大中当选总统，实现了韩国历史上第一次政党更迭后，韩国民主逐渐步入成熟；韩国社会也

---

* 善淘网 CEO。

渐渐从“反抗暴政”发展到公民共建。朴元顺也开始了他人生中的又一个新使命：在韩国社会培养建立“关爱”与“分享”的文化。2000年开始，他陆续创建了慈善基金会“美丽基金会”和慈善二手店美丽小铺，并以此为起点陆续发展更多的社会企业和社区项目。

和大多数创新事物一样，最艰难的不是控制成本，而是推广理念。对于慈善商店美丽小铺来说，要用两个全新的理念推动市场：一方面要号召人们将全新的闲置物品捐给慈善商店，一方面又要号召人们到慈善商店来购买二手物品。而一开始，美丽小铺提倡的不是“施舍文化”，而是“关爱和分享”。最初，接受慈善商店理念的都是社会精英，捐赠的是他们，在慈善商店购物的也是他们。慢慢地，这种文化开始扩散到普通民众中，大家不再觉得购买“二手衣物”是一件丢脸的事。

美丽小铺的功能不仅仅局限在捐赠和购买上。很多美丽小铺成了社区融合的基本工具，人们捐赠自己不用但依然完好得物品，挑拣用得上的闲置物品，家庭妇女和青少年有空的时候就在这里参与志愿服务。很多美丽小铺门口开设了公平贸易咖啡馆，这些咖啡馆成为社区居民日常聚会，讨论社区事务的重要场所。2006年，位于首尔的美丽小铺和多家机构合作，在首尔开展了连续六天的市民闲置物品大交换活动。市民纷纷带上自己家里的闲置物品，来到市中心的广场进行有趣的交换或者义卖。电视台现场直播、各媒体跟踪报道，一下子将慈善商店文化推广开来。

朴元顺先生有一个美丽的梦想：创造一种市民文化，激发市民自觉、自愿地支持市民社会和市民运动。而美丽小铺，就是这样一个促进社会发展和市民文化的工具。在扣除了50%的管理运作成本之后，美丽小铺所筹集的资金主要用于扶持社区民间组织、社会企业的成长，以及捐赠给海外的贫困地区(如海地)。同时，美丽小铺自身的运作，也是完全依靠民间力量和自治发展。

美丽小铺没有来自政府的资金，按照正常商业机构的比例交付税金，甚至拒绝了来自某些企业或者个人的无偿资助。最开始的时候，美丽小铺本着节约资金的想法，接受了人们免费提供的场地开设新店。但很快发现，“无偿提供”的店面往往地段不太好，经营一段时间后没有带来效益。从此以后，美丽小铺大部分店面全部按照正常租金承租适宜商铺，而不再仅仅寻求“免费场地”。另一方面，推动理念认同的工作重点和透明负责的运作方式，为美丽小铺的发展带来了真正的资源——人。在韩国114家美丽小铺里，负责日常运作的大部分工作人员都是志愿者。在很多分店，从经理到普通员工全部都是志愿者。

注：朴元顺于2011年10月当选首尔市长。

原来公益可以更美的

顾 远

前不久去了趟韩国访问。因为历史上长期受到中国影响，这个国家初看上去和国内没有什么两样，然而只要稍稍留意到细节，很快就会发现许多的不同，比如街道干净、空气清新，人们行色匆匆却彬彬有礼；吃饭的时候，每人都是一双不锈钢筷子，拿起来又重又滑，但是想想举手之劳就能为周遭的环境美化作一些贡献，倒也很快就习惯了。

五天的行程里安排去了很多地方参观，其中有两个村庄尤其有特色。位于完州郡的飞飞亭村（Bibijong）据说曾经是个“穷得活不下去”的地方，全村有 40 多户，80 多口人，其中老年人占了绝大多数。前任村长眼看着村庄凋敝村民又纷争不断，因而愧疚自杀。公益组织“希望制作所”（Hope Institute）受政府委托，前来实施乡村发展计划。他们一心想发动村民，充分利用本地的资源来改变家乡面貌，然而村民们已是“哀莫大于心死”。

“希望制作所”可没有灰心。他们召集了一批专业摄影师来到村庄拍下许多风景照，再做成图片展出。村民们突然发现，村子里那些早已熟视无睹的事物原来可以是这样美的。村民们的信心开始恢复了，村子里的那些从未被重视的“资源’也被一一发掘利用。我们去参观的时候，村头的田地上，一群前“不良奶奶”们（这是以前外来者对她们的称呼）正在开心地劳作。田地被用石块精心地围出大小不一形状各异的小块区域，既方便老人边做农活边聊天，也给这片土地平添了许多生趣。

在另一个村子里，房屋的墙壁上绘满了有趣的图画：一个冰箱装满了食物，撑得肚皮鼓鼓；主妇站在灶台边，看着冰箱莫名惊诧；一只老虎用尾巴护住一大堆瓜果蔬菜，虎视眈眈地盯着经过的人们；几根藤蔓沿着墙根向上攀沿生长，凑近一看，却原来是在墙壁的裂缝边上画下了些许鲜绿的叶子。不用再多说什么，在这个曾经凋敝破败、老龄化严重的村子里，人们如今的生活状态和精神面貌早已"跃然墙上"矣。

再来看看我们参观的几家公益机构的墙上，同样是五彩斑斓。在希望制作所里，楼梯一侧的墙壁上贴满了大大小小的星星，每颗星上都标有年代月份，写满了当月捐赠者的名字。对于那些大额捐赠者，希望制作所特意为他们制作了独特的名片贴满了一整面墙。每张名片上还配有一种珍稀动物的图片，既起到美化作用，又宣传了动物保护。在完州的"乡村发展中心"，一楼的墙壁上全都是当地孩子绘制的图案，绚烂斑驳；而二楼的墙壁上张贴的是当地村民绘制的几幅乡村规划图。他们没有学过专业的工程绘制技术，却用最形象最质朴的方式描绘出了自己心目中家乡的未来图景。

名字也许最能直观地反映出一个人、一个机构的"精气神儿"来。在考察中，我们经常遇到有趣的名字。知道"给自然大地做针线活儿"是家什么机构吗？他们是一家社会企业，用废旧衣服上的材料制作婚礼上用的婚纱和礼服，又别致又环保，同时还倡导了"节约型婚礼"的理念。

美丽商店是韩国第一家慈善商店，2002 年成立至今，已经开了 114 家分店，算起来几乎是平均一个月开一家。即便商业连锁店又能有几家做得到？成立之初，前来光顾的顾客多是一些支持环保和慈善商店理念的中产阶级，后来购买二手物品的理念被越来越多的人接受，顾客里中低收入的一般民众已成为主流。现在，他们每年的营业额达 40 亿韩元（大约 2600 万元人民币），还成立了"美丽基金会"，来支持其他的公益组织。

照片、图画、名字，这些点滴细节看起来只是些小技巧小情趣，然而透露出的却是一种对“美”的习惯性追求。用“美”来激励公益的参与者——不管你是助人还是受助，公益活动的过程也是一个不断发现“美”的过程，而更美好的生活、更美丽的世界不正是所有公益组织与公益事业的最终目标吗？

可是我们很多时候似乎忘记了这一点，于是公益变得苦情、悲情、滥情，好像只有痛苦才最打动人，只有沉重才最真诚，只有苦难才最民间。

我相信如果换另一群人来帮助那个叫做飞飞亭的村子，他们可能会选择拍下村民们满是皱纹的愁苦面容与干涸荒芜的土地，来唤起外界的同情心和援助。就像我刚刚收到的这段来自某爱心捐助机构的宣传短片，其中不厌其烦地介绍了不少孩子的故事，他们居住在偏远的农村，个个家境贫寒又自强不息，只要有爱心人士的一点点捐助，他们就能吃饱穿暖，从此过上好好学习天天向上的日子。

我相信会有人被打动，但我也知道同情心来得快去得也快，过多地面对苦难，爱心也会变得日渐麻木和枯竭。如果一味地用渲染苦难来博得同情，最终只会使公益变成一场展示“谁比谁更苦”的竞赛，当真成了“会哭的孩子有奶吃”。

几年前，我曾去藏区做过一次助学调查，拍下了很多照片。尽管我接触的那些孩子大多来自单亲家庭或是孤儿，我还是有意选择拍下了他们的笑容而不是满是冻疮的手。在一张照片里，这群孩子在尘土飞扬的一小片空地上追逐着一只抛向天空的篮球。我给照片起的标题是：“我们不懂篮球，可我们懂得快乐”。

想起前几天看过的一张联合国难民署的照片，一个女人，当然也是一位难民，手里拎着一件洗衣时被不小心染了色的衣服发愁。图片所配的文字说的是“她多么希望能和你一样，衣服染了色就是生活最大的烦恼”。

很多时候，打动人的，正是这平凡日子里一点点对美的追求。

社会危机与社会创新

顾 远

1999 年 10 月 30 日，韩国仁川市中心的一幢商业楼发生火灾，造成 54 人死亡。惨烈的现场和众多的伤亡者令举国悲痛，然而最让人震惊的是伤亡者中大多数是附近学校的高中生，这些本应专注于学业的少年却集中出现在酒吧和台球室里。

灾难性事件往往反映出深层次的社会问题。20 世纪 80 年代后期，韩国开始从军人政府向民选政府过渡。1988 年的汉城奥运会大大推进了韩国民主化的进程，1993 年第一位非军人总统金泳三上台，标志着韩国顺利完成民主转型，社会和经济的发展得到了极大促进。韩国的"强政府"及"干涉主义"的发展模式一度被世界银行冠以"东亚奇迹"的美誉。然而 1997 年的亚洲经济危机暴露出了这种发展模式的严重弊端，人们开始反思过度的政府干涉，政府也在社会和经济领域有意识地"国退民进"，让私营部门和非营利机构在社会发展中发挥更大的作用。

仁川大火暴露出的是韩国教育体系崩溃、青少年对前途无望等严峻的社会问题。对此，韩国政府的做法是鼓励民间兴办"另类教育"(alternative education)，其中最典型的当属位于首都的"首尔市立青少年职业体验中心"(Haja Center)。该中心于 1999 年 12 月成立，由政府提供一幢四层小楼作为场地，委托延世大学经营。中心内有"制作场学校""冶金师学校""年轻的厨师们”“旅途上的学校”等有趣又有用的教育项目，还有各种帮助青少年开发创造力的培训课程，并向他们提供实践自己创意的机会。在经济艰难复苏的时代大背景下，该中心力图用创新的方式帮助解决青少年就业问题，同时探索知识经济时代青少年职业教育的新模式。一些学员在学成后创办了自己的社会企业，继续用创新的方式去帮助更多的青少年成长，而体验中心也逐渐变成了一个孵化器，为社会源源不断地输送社会企业和社会创新。

随着民间参与解决社会问题所带来的效果日益显著，韩国政府加大了从民间获得智力支持的力度。首尔市政府在 2006 年发起了“城市点子库”(city ideas banks) 项目，在一年时间里收到了来自公众的 74000 多条建议。政府对待这些建议的态度绝不敷衍，每条建议都能在发出后的一周内得到答复，最终有 1300 多条建议完全付诸实施，还有很多建议被部分地采纳。其中的一条著名建议来自于一位身材矮小的市民，正是这条建议降低了首尔的地铁扶手的高度。

在韩国发生的这些事情也在全球的许多国家进行着。意大利的那不勒斯市是全欧洲最凋敝的城市之一，一般人们提到它会想到足球劲旅那不勒斯队，却不一定知道这座城市里严重的垃圾问题、高失业率、高犯罪率和横行的黑手党。现在，这座城市正通过一项社会创新竞赛向世人展示着自己寻求改变的决心。这项面向全球公开进行的竞赛要求参赛者在六个具体的社会问题中任选其一，设计出最佳的解决方案。这些问题包括“如何将一栋被没收充公的别墅转变为一个可以自负盈亏的社会企业”“为一个帮助退学学生的非营利机构设计出可持续发展方案”“如何有效地循环利用人们闲置的衣物”，等等。获奖者将获得一万欧元的资助以实现自己的构想。活动的发起者希望这项活动不仅能为这座城市带来实际的改变，也试图证明用“跨界”的方式能够更有效地解决社会问题。

为什么类似的活动会变得日益普遍？这与我们所身处的这个时代密切相

关。不论是美国学者德鲁克所谓的“不连续的时代”，还是英国管理思想家查尔斯·汉迪提出的“非理性的时代”，指出的都是今天这个时代共同的特征：人类社会不再是以线性的方式发展，因而也难以从过去推测未来；变化始终存在，社会问题和社会危机也会不断地以意想不到的方式发生，而那些在当下有效的举措并不足以解决。

应对这一切的最好方式是不断地创新，主动引领变革。用德国社会学家卢曼的话来说，我们全都生活在一个“除了冒险别无选择”的社会里。

人们一度将解决社会问题、进行社会创新仅仅视作是政府份内的事，而在现代社会中，国家的权威在很大程度上正是来自于应对社会问题的能力。然而这种“政府中心”的治理模式在风险社会的现实中一再遭遇困境。与此同时，社会多方参与的“合作式治理模式”已经日益成为一种全球性的共识。

这一模式的特点在于“更少的统治，更多的治理”(Less government, more governance)。一方面，社会中的每一个行为主体（政府、企业、以非营利机构为代表的公民社会及每一个公民）都有参与解决社会问题的权利和责任；另一方面，政府有义务通过正式或非正式的渠道来增加与其他社会主体（特别是非营利机构）之间的互动，创造便利他们参与社会治理的条件。

以英国为例。二战后，英国政府面对严重的社会问题，主动进行社会创新，制定了堪称典范的“从摇篮到坟墓”的社会福利政策，其中，“国家医疗服务”(NHS) 至今仍是世界各国学习的楷模。相对的，民间自发的创新受到很大抑制，非营利组织的发展也呈现出明显的下降趋势。

然而，国家包办一切的做法并没有消除贫困及其他很多社会问题，而诸如女权、环保、消费者保护等新的社会问题又不断出现，社会呼唤变革的声音越来越大。1979 年大选时，保守党在竞选宣言中曾把英国描述为一个“失败国家的典型”：价值观腐化、经济萧条、公共服务难以为继。

在撒切尔夫人赢得选举后，保守党政府进行了剧烈的变革，精简政府机构，将大量的国营企业私有化，并将很多过去完全由政府提供的服务转交由非营利机构提供，政府转换为支持者的角色。

到了 1997 年工党布莱尔政府执政时期，“第三条道路”成为新的执政理念，将国家和公民社会在社会问题与社会福利上的角色和责任做出了更加明确的划分，积极推动政府与公民社会间的合作伙伴关系，极大地促进了英国非营利组织的发展。1998 年，英国政府签署《政府与志愿及社区组织关系协定》(COMPACT)，将政府与非营利组织间的“伙伴关系”作为国家政策提出并确定。

此后历届的英国政府均保持了这种伙伴关系，始终如一地为非营利机构参与社会治理和社会问题的解决提供便利和支持。这些举措带来的最显著的结果是，英国的公民社会高度发达，社会治理结构完善，社会保持稳定发展。而在社会创新领域，英国则始终处于世界的领先地位，政府积极鼓励自下而上的创新主意，并提供政策、资金等支持来帮助实施。同时政府、社会投资机构、NGO、学术机构、民间智库等共同构成了有利于社会创新的社会生态圈，使其能够可持续地发展。

再来看看今天的中国。多项学术研究已经表明，当一个国家的人均国内生产总值处于 1000 美元到 3000 美元之间的阶段时，这个国家既处在发展的黄金时期，也处在一个“矛盾凸显期”。2003 年，中国的人均 GDP 首次突破 1000 美元，社会发展出现了历史性跨越。然而一方面是经济高速发展，另一方面却是贫富差异扩大，环境急剧恶化，官民矛盾、劳资矛盾已成为社会的主要矛盾，由此带来的社会危机大量存在，社会风险有目共睹。

如何推动共同参与式的社会治理模式，如何鼓励更多的社会创新，如何构建政府与公民社会的伙伴关系，这一系列的问题既考验着我们的智慧，也考验着我们的决心。

社会创新之旅：边走边想

黄英男 *

韩国的六天行程中，令人感触颇多，从政府到公益从业者到每一个参与公益的普通市民，宽容、创新、责任的力量无处不在。而正是从政府到民间每一个环节的努力与进步，推动了整个韩国公益事业今天的蓬勃发展。

政府：开放空间

从反抗独裁到经济发展，从激进运动到和谐建设，在韩国公益事业发展中，政府态度的转变起到了关键的作用。公益组织的发展壮大与政府对 NGO 的态度及制定的相关政策密切相关。由韩国的经验来看，政府和 NGO 之间保持合作关系是一种双赢的策略，既对改善公共政策与服务有利，也为 NGO 带来发展的空间和机遇。

从业者：无私志愿精神

在韩国，公益从业者收入属于社会中等偏下水平，但在众多的公益机构

* 《京华时报》记者。

中到处可见年轻人的面孔，对于“为什么选择在NGO工作”这个问题，首尔青少年职业体验中心 (Haja Center) 的工作人员南慧瑄表示，虽然自己也遇到过NGO工作者几年后迫于生活的压力而回到商业机构工作，但还是有许多人选择来这里，因为他们有着强烈的服务社会的志愿精神，希望自己可以帮助他人，可以改变社会。

正像捐款在韩国人的理念中会认为不止是一种善行，更是一种通过意志力来主导人生的可贵的方式一样，在从事公益事业的过程中，韩国从业者也是以强大的意志力和乐观的精神实践着个人对国家发展所承担的责任，推动着整个国家的进步。

团队：强大的执行力

韩国的公益组织在开展活动时，往往会有非常好的创意，而最为难能可贵的却不是这些好创意，而是让整个机构冲向目标的强大执行力。

在韩国无论在城市还是在农村，不同的公益组织呈献的面貌完全相同，大至科学规范的工作策划，小至每个机构的分类垃圾箱，甚至每一双进门更换的拖鞋，都体现出完全一致的态度：做到最好。所谓最好，就是让每件事情的发展都呈现出计划时应有的结果。

在韩国的公益组织听不到对于执行过程中遇到的困难的抱怨，大家的问题主要集中在项目设计得好不好，开展方法是否合适，项目人群定位是否准确，而对于一旦定型的计划，每一个环节的工作人员都必须保证得到百分之百的结果体现。

正是在这种强大的执行力下，韩国的公益机构可以拥有完全一致的气质风貌，每一个来到公益机构的普通市民都会在这种一丝不苟的环境中看到希望和信任。

试想，一位普通公民，来到一个基金会或者公益机构，如果进门时可以换上一双干净的拖鞋，如果可以轻松地找到捐助者的捐赠记录，如果可以看到完整的工作计划表，如果每一个疑问都可以得到耐心细致的解答，如果看到一张张充满生机和真诚的面孔，那谁会不愿意将自己的公益热情变成与他们一样的公益行为呢?

注：黄英男的韩国社会创新考察记：《公益组织与政府良性互动》发表于8月15日的《京华时报》。

新、芯、心的旅行

谢 天*

“芯世界”韩国社会创新之旅结束已经一周，此次旅程拜访了在韩国社会中运转良好并发挥着积极作用的多家社会公益组织和示范点。感受到了韩国社会公益组织的创新力量与活力，了解到民间智库与社会各个基本单元，特别是与乡村的良性互动，体会到种种“think big, start small”（大处着眼，小处入手）的微小而意义深远的社会实践。冲击和兴奋之后，带来的是思考。所见种种究竟给我们怎样的启发?

新的模式

此次韩国之行让人印象深刻的是各个社会公益组织的创意与活力，他们时时处处体现出求新求变的精神，使整个行业充满创意和勃勃生机。特别是首日参观的首尔青少年职业体验中心，作为韩国的青少年另类教育先锋，探索及开发后工业社会与知识化社会的青年职业教育模式。Haja Center 设有“Haja 制作场学校”“冶金师学校”“年轻的厨师”“旅途之

* 四川省绿色江河环境保护促进会副秘书长。

上的学校”，等等。针对不同阶层、适合不同职业兴趣和能力特长的青年，通过边做边学的方式进行教育活动。在这里，知识不仅仅是抽象的理念，而是真正和实践结合，成为一种自我主导和相互合作型的学习。在这样创新的模式下，那些通常被认为是调皮捣蛋的或者被社会认为是有问题的青少年展现了让人惊奇的创造力和活力，他们成为一种资源而不是一个个问题。这样的教育实践也许还不具有普遍意义，然而，首尔青少年职业体验中心通过把各种固有的标准、等级和成见放在一边，用创新的思路和途径来解决问题，很好的实现了机构的宗旨，使工作、玩乐、学校融为一体，构建了一个充满创新、自律自治、友谊与教练并存的空间。这样的实践对于我们的当下存在的一些社会问题有着极大的借鉴意义。

“芯”之动力

韩国的公益组织是如何做到这样的创新？而我们又应从何做起？抛开国家体制的区别，文化背景和经济发展的差异，就外部环境而言，我们当下的社会有着非常多的问题亟待解决，面对复杂的问题和有限的资源，创新成为一种必然性的选择；就社会公益组织存在的意义而言，社会公益组织应该提供政府和企业因其特性无法提供的公共产品，形成政府、市场和社会相互支撑、相互制约的良性结构；具体到公益组织自身而言，如果不能提供有效的公共产品，尤其是提供与政府和企业不同类型的公共产品，甚至难以生存和发展。在这方面，希望制作所是优秀的榜样。希望制作所设有社会创新中心、小企业中心、长者社会贡献中心、Roots Center

和教育中心，乃至法律援助和研究机构，在多个领域高效地开展和实施社会公共服务，发挥着民间智库的积极作用。在之后的行程中，无论是对完州郡社区事务支持中心（CBS）的人员支持、智力支持，还是飞飞亭村始于田间地头的小小创新实践，我们都能看到希望制作所的身影。这些由公益组织和民众发出的点点力量，由下而上地汇聚成一种创新的力量，让整个社会焕发出勃勃生机与希望。同样，我们也要不断寻求创新，提高社会公共服务的质量和效率；同时有意识地优化内部治理结构和人才储备循环网络，以获取更大的动力和实力去完善自身、服务社会，提高组织的创新意识和创新能力，拥有一颗“奔腾的芯”。

心的力量

飞飞亭村一座普通民居的外墙仍让我们记忆犹新：墙体上有条长长的裂隙，两边被画上了绿色的叶片，成了一支蜿蜒美丽的葡萄藤。在CBS这样的例子也比比皆是，CBS的墙面上贴满了村民对于自己家园规划的蓝图和为了让家园更美好而设计的各种项目计划书。看到他们为自己的小小村庄规划的游泳池、莲花池，能感到那种对于美的渴望、对于美好生活的寻求就是创新的巨大动力。美是教育，美是感召，美是信仰，从内心涌出的需求所带来改变的力量是巨大的。我们对美好生活的理解，我们的文化理想、审美、创造性等如何和社会实践产生良好互动？如何理解和重建我们可能的当下生活？面对因飞速发展的经济而越来越空虚的农村，完州郡农民在反思这50年的发展模式。我们更应思考如何更好地践行公益组织的功能，促进社会成为良性发展的有机体。虽然不是每一个思考都有即时明确的答案，但我们可以在一个个思考后产生的微小实践中逐步前行，成就从一条墙缝到一葡萄藤的华丽转身。

关于“芯世界”

为了推动公益创新，2010 年，英特尔（中国）有限公司与民政部社会福利和慈善事业促进司共同发起并主办了首届“‘芯世界’公益创新奖”项目（以下简称“芯世界”），挖掘了 17 家创新地利用信息与通信技术（ICT）去回应解决社会问题的公益组织，并给予资金和培训方面的支持，向社会展示了公益创新的力量。

2011 年伊始，整合了更多资源的第二届“芯世界”公益创新奖项目再次启航，寻找技术应用、公益倡导、协同合作以及低碳环保领域中的公益创新力量，并通过搭建跨界合作平台，为公益组织的进一步发展缔造公益价值链。

本届活动特设奖金 140 万元（英特尔中国提供 100 万元奖金，万通公益基金会提供 40 万元项目资助），奖励 10 个在技术应用、先锋倡导、协同合作和低碳环保领域内的创新公益项目。获奖项目在分享奖金总额的同时，还获得社会创新培训、项目资助、专项基金开设、跨行业交流、专业技能培训、专业志愿服务等跨界资源支持。本届活动评选标准更加关注公益模式的创新。鼓励采用新技术、新方法、新产品、新服务、新理念等创新的公益模式来解决社会问题。

主办机构

英特尔（中国）有限公司

英特尔是芯片创新领域的领先厂商，致力于开发技术、产品和计划，从而不断改进人们的工作和生活方式。英特尔中国现在是英特尔公司除美国以外资源投入最大、机构设置最全、独立向总部直接汇报的区域市场。英特尔致力于提升中国企业的发展和自主创新能力。同时，英特尔积极投身环境保护、教育和社区事业，履行企业社会责任，做优秀的企业公民。面向未来，英特尔正努力成为社会创新的实践者和贡献者！

网址：www.intel.com

中国扶贫基金会

中国扶贫基金会成立于 1989 年 3 月，由国务院扶贫开发领导小组办公室主管，是对海内外捐赠基金进行管理的非营利性社会组织，是独立的社会团体法人。发展至今，中国扶贫基金会已经成为中国规模最大、实力最强的专职扶贫公益机构。

网址：www.cfpa.org.cn

南都公益基金会

南都公益基金会成立于 2007 年 5 月 11 日，是一家经民政部批准成立的全国性非公募基金会，业务主管单位为民政部，原始基金为 1 亿元人民币。南都基金会的使命是支持民间公益，即：南都基金会关注转型期的中国社会问题，资助优秀公益项目，推动民间组织的社会创新，促进社会平等和谐。

网址：www.naradafoundation.org

北京万通公益基金会

北京万通公益基金会成立于2008年4月16日，是在北京市民政局登记注册的非公募基金会。基金会的宗旨是：推动环境保护，节能减排，促进人与自然和谐相处。主要的业务领域是推动我国生态社区建设。在未来数年的时间内，基金会将立足社区，通过理论研究、社区实践、传播倡导和能力建设等综合性资助策略，探索出初步成熟的、可推广的生态社区建设模式，使基金会成为我国城市生态社区建设的重要推动力量。

网址：www.vantonefound.org

组委会

指导机构：民政部社会福利和慈善事业促进司

主办机构：英特尔（中国）有限公司
中国扶贫基金会
南都公益基金会
北京万通公益基金会

协办机构：北京师范大学壹基金公益研究院
上海公益事业发展基金会（联劝）
上海市慈善教育培训中心
ICT专业志愿者联盟

联合主办媒体：《时代周报》

培训特别支持：鹏华基金管理有限公司

独家门户支持：搜狐公益频道

“技术应用奖”评审标准

1. 面向已经实施的、创新地利用信息与通信技术（ICT）的公益项目。
2. 公益组织创新性地利用信息及通信技术（ICT）进行组织建设或实施公益项目，促进了组织发展，满足了收益群体需求，产生了良好的社会效益。

一级指标	二级指标	分数	小计
模式创新	项目在人力资源管理、项目推广、品牌宣传、资源拓展、信息公开、财务管理等方面创新地应用了 ICT	20	40
	项目针对的领域有一定创新，或者针对传统领域有创新的模式和解决方案	20	
社会效益	项目对目标受众产生了明显效益（从目标受益群体规模、需求满足的及时性和有效性、受益群体评价等角度衡量）	10	25
	项目对机构建设和发展产生了明显效益（从机构工作效率、透明度和公信力、品牌建设、资源整合提升等角度衡量）	10	
	项目社会影响力（从社会大众关注度、媒体关注度、业内反响等角度衡量）	5	
可持续性	项目有清晰的模式，已经具备或者拥有潜在的资源投入方，能够保证项目的持续运营	10	20
	项目基于目前的成功模式，已有明确的下一步发展目标和计划	10	
可复制性	项目对 ICT 的应用或者运作模式易于总结，能够在不同地区或领域复制推广	10	15
	项目已经在一个以上地区得到应用，效果良好	5	

满分：100 分

“先锋倡导奖”评审标准

1. 面向已经实施的、引领公益行为及倡导公益理念的创新项目
2. 公益项目通过创新的公益模式和方法，倡导社会各界关注公益项目所针对的公益领域，或推广和普及了公益思维、公益行为、公益理念和公益文化

一级指标	二级指标	分数	小计
模式创新	项目关注新的公益领域，或者针对传统领域采用创新的解决方案	20	40
	项目普及推广新的公益思维、公益行动、公益理念和公益文化	20	
社会效益	项目社会影响力（从大众关注度、媒体关注度、业界反响等角度衡量）	10	20
	项目对目标受众产生了明显效益（从目标受益群体规模、受益群体评价等角度衡量）	10	
可持续性	项目有清晰的模式，已经具备或者拥有潜在的资源投入方，能够保证项目的持续运营	5	15
	项目基于目前的成功模式，已有明确的下一步发展目标和计划	10	
可复制性	项目采用的运作模式易于总结，能够在不同地区或领域复制推广	15	25
	项目已经在一个以上地区得到应用，效果良好	10	
满分：100分			

注：鼓励项目运营中使用ICT作为辅助工具，如果项目在ICT应用方面有一定创新，则有机会获得最高为4分的奖励分。

"协同合作奖"评审标准

1. 面向已经实施的公益组织之间，以及公益组织与政府、商业机构协同合作，以创新的模式开展的公益项目。
2. 公益项目通过公益组织之间，以及公益组织与商业机构和政府协同合作，创新性地整合了各方资源，实现了公益模式的创新，产生了良好的社会效益。

一级指标	二级指标	分数	小计
模式创新	项目合作模式（包括项目设计、项目各方资源投入、项目管理等）有创新性	25	50
	项目合作方具有较高匹配度，充分发挥了各方资源优势，对各方的建设和发展产生了一定的影响	25	
社会效益	合作项目对目标受众产生了明显效益（从目标受益群体规模、需求满足的及时性和有效性、受益群体评价等角度衡量）	10	20
	合作项目社会影响力（从大众关注度、媒体关注度、同类机构模仿等角度衡量）	10	
可持续性	项目有清晰的模式，已经具备或者拥有潜在的资源投入方，能够保证项目的持续运营	10	20
	项目基于目前的成功模式，已有明确的下一步发展目标和计划	10	
可复制性	项目采用的运作模式易于总结，能够在不同地区或领域复制推广	5	10
	项目已经在一个以上地区得到应用，效果良好	5	
满分：100 分			

注：鼓励项目运营中使用ICT作为辅助工具，如果项目在ICT应用方面有一定创新，则有机会获得最高为4分的奖励分。

“低碳实践奖”（北京万通公益基金会专项奖）评审标准

1. 面向推动社区生态完善和解决省区生态问题中应用创新模式运营的项目。
2. 运用创新的模式和工作手段开展社区生态项目，解决社区的生态问题，或者开创性地探索社区生态改善的新领域（申报项目应以解决社区生态问题为工作目标）。

一级指标	二级指标	分数	小计
模式创新	项目针对的社区生态问题有一定创新性；或者项目针对传统社区生态问题提出创新性的解决方案，在改善社区生态方面有一定创新	30	40
	项目在人力资源管理、项目推广、品牌宣传、资源拓展、信息公开、财务管理等方面有创新的模式	10	
社会效益	项目对社区生态产生了一定的影响（从社区生态的改善、受益群体的评价角度衡量）	10	20
	项目社会影响力（从大众关注度、媒体关注度、业内反响等角度衡量）	10	
可持续性	项目有清晰的模式，已经具备或者拥有潜在的资源投入方，能够保证项目的持续运营	10	20
	项目基于目前的成功模式，已有明确的下一步发展目标和计划	10	
可复制性	项目采用的运作模式易于总结，能够在不同地区或领域复制推广	10	20
	项目已经在一个以上地区得到应用，效果良好	10	

满分：100 分

获奖名单

类别	项目名称	机构名称	奖项
技术应用	善淘网	上海聚善助残公益发展中心	10强
	声波网	一加一（北京）残障人文化发展中心	10强
	青翼社会工作人才服务平台	上海浦东新区青之翼社工服务中心	10强
	“幸福家园－西部绿化行动”生态扶贫公益项目	中国绿化基金会	10强
先锋倡导	2010长江冰川拯救行动	四川省绿色江河环境保护促进会	10强
	“果壳时间”公益科学讲坛	北京市朝阳区哈赛科技传播中心	10强
协同合作	联心系声，因爱启动	上海小笼包聋人协力事务所	10强
	崛起安徽公益组织发展计划	安徽绿满江淮环境咨询中心	10强
低碳实践	绿色帮扶就业发展计划	上海欣耕教育信息咨询有限公司	10强
	家庭垃圾分类资源化	福建省环保志愿者协会	10强
	参与式生态社区创建示范	北京社区参与行动服务中心	万通公益基金会资助项目
	泰达生态社区试点实践探索	天津经济技术开发区泰达社会服务中心	

顾问及评审专家简介

茅于轼 著名经济学家，天则经济研究所理事长

1950 年毕业于上海交通大学机械系；1984 年任中国社会科学院美国研究所副研究员、研究员；1986 年赴美国哈佛大学任注册访问学者。1987 年担任非洲能源

政策研究组顾问。1990 年应澳大利亚昆士兰大学经济系邀请任高级讲师，讲授研究生班的微观经济学。1993 年从中国社科院退休，参与创办天则经济研究所，现任理事长。他于 1979 年提出择优分配原理，重新构造了整个微观经济学，1981 年又将择优分配推广到动态过程，即在给定始点和终点的前提下，寻求过程的最优化，用独特的方法得出了动态最优过程变分问题的解，即欧拉（Euler）方程。

王振耀 北京师范大学壹基金公益研究院院长，原民政部社会福利和慈善事业促进司司长

1982 年毕业于天津南开大学历史系，获历史学学士学位；1986 年毕业于武汉华中师范大学政治学系，获法学硕士学位；1999 ~ 2000 年就读于美国哈佛大学肯尼迪政府学院，获行政管理硕士学位；2001 年毕业于北京大学政府管理学院，获法学博士学位。历任国务院农村发展研究中心助理

研究员、非经济分析室副主任，民政部基层政权建设司农村处处长，基层政权建设司副司长，救灾救济司副司长、司长，社会福利和慈善事业促进司司长。

徐永光 中国青少年发展基金会副理事长、南都公益基金会理事长，第九、第十届全国政协委员

徐永光 1988 年辞去团中央组织部长职务，创建中国青少年发展基金会，创立希望工程。希望工程已经成为中国最具影响力的社会公益品牌。2007 年创办南都公益基金会，该会以“支持民间公益”为使命，致力于推动公益慈善行业的发展与社会创新。徐永光先生潜心中国民间公益慈善事业逾 20 年，在 NGO 实务和理论研究方面有重要建树，主编《中国第三部门研究丛书》，著有《叩问天人之际：徐永光说希望工程》。

戈　峻 英特尔（中国）有限公司董事总经理

戈峻先生负责英特尔（中国）有限公司的公司事务、企业责任、教育项目、事业发展以及公共政策制定、合规和法律事务等。他还长期担任英特尔（中国）有限公司执行委员会委员并负责管理英特尔中国管理者论坛。戈峻先后获得华东政法大学国际经济法学学士学位，香港中文大学 MBA 学位及美国路易斯－克拉克大学西北法学院法学博士学位。他对创新、中国经营策略、并购、知识产权、WTO 相关事务等有独特见解。

郑远长 中央纪委监察部驻民政部副局级监察专员，原民政部社会福利和慈善事业促进司慈善和社会捐助处处长

历任国家减灾委员会办公室秘书处（民政部救灾救济司减灾处）副处长、救灾救济司救灾处调研员、综合（社会捐助）处处长、慈善事业协调处处长，社会福利和慈善事业促进司慈善和社会捐助处处长。在救灾救济司工作期间，协调和承担国家减灾中心的立项和建设，组织实施了第一次省部级干部灾害应急管理研究班，多次参与重大灾害的应急救灾工作，负责汶川地震社会捐赠工作的组织协调。在社会福利和慈善事业促进司其间，组织实施了“中华慈善大会”“中华慈善奖”的评选表彰工作，大力推动慈善行业的规范化发展，并着力推动儿童大病救助基金制度建设。

杨钟仁 英特尔（中国）有限公司首席责任官

1988年毕业于香港大学，先后获得电子电机学士学位和工商管理硕士学位，毕业后即加入英特尔公司。在20多年的英特尔职业生涯中，负责市场营销、技术销售、技术开发和推广等核心部门。他曾担任亚太区市场营销部经理、亚太区通信技术和市场服务部经理、亚太区无线市场拓展部和通讯技术部总监、英特尔中国架构实验室总监、英特尔上海总经理，负责领导制造范畴以外的工作。2007年末，杨钟仁先生被委以重任，担任首席责任官，管理并指导英特尔中国企业社会责任战略与事务。

刘文奎 中国扶贫基金会常务副秘书长

1996 年开始参加扶贫工作，1998 年开始任中国西部人力资源开发中心副主任，负责国务院扶贫办主导的西南、秦巴世界银行扶贫项目“劳务输出”“小额信贷”两个分项目的具体实施。2001 年加入中国扶贫基金会，先后主管筹款、项目管理等工作，在基金会治理、筹款、扶贫项目管理等方面有丰富的实践经验。中国扶贫基金会常务副秘书长。

刘洲鸿 南都公益基金会秘书长

香港中文大学社会福利专业哲学博士。曾任中国青少发展基金会助理总干事，新公民学校发展中心总干事，首届中国非公募基金会发展论坛副秘书长。民政部基金会评估专家；中国社科院社会政策专业委员会委员。

李　劲 北京万通公益基金会秘书长

2000 年获美国哈佛大学肯尼迪政府学院公共政策硕士学位。2000 年 7 月担任国际计划组织中国总部项目总监，全面负责国际计划中国的项目开发、项目策略、项目管理、财务预算审核等工作。2005 年就任联合国开发计划署（UNDP）中国代表处高级项目官员。从事公共治理和公民社会发展方面的项目管理和政策发展工作。2009 年 1 月加入北京万通公益基金会，任秘书长一职。在机构发展方面，李劲借鉴在国际组织的多年工作经验，推行正规化、专业化和透明化；在项目管理方面，从项目立项、管理流程、财务审核等方面都进行

专业的指导与改革。通过实施一系列的管理措施，并将社区发展工作方法运用于资助项目，万通公益基金会已经成为非公募基金会行业中的典型之一。

杨 团 中国社会科学院社会政策研究中心副主任、研究员，中国社会学会社会政策专业委员会理事长

专业方向：社会政策与社会保障。研究方向：社会政策与社会工作、社会保障与社会福利，社区公共服务，社会公益与非营利组织发展；对于社团、基金会、民办非企业等各类中国非营利组织的法律、政策均有研究。主要职务有：国务院公共突发事件专家组成员、民政部特邀咨询专家、中国社会学会社会政策专业委员会副理事长、《社会学研究》编委《中华医院管理杂志》常务编委、中国人民大学客座教授、苏州大学客座教授。同时兼任中华慈善总会、中国青少年发展基金会等十余家非营利组织机构的常务理事或理事。

王 瑾 麻省理工学院比较媒体研究、中国文化研究讲座教授，新媒体行动实验室主任

1985 年获麻省大学比较文学博士学位，在加入麻省理工学院（MIT）外国语言文学系前，曾在杜克大学任教 16 年。创办了 MIT 新媒体行动实验室并担任主任，还兼任知识共享（Creative Commons）中国大陆项目顾问委员会主席、维基媒体基金会（Wikimedia Foundation）咨询委员会顾问，也是公益组织 2.0 项目的发起人。研究方向集中于中国新媒体文化与新媒体应用、娱乐媒体与广告营销及数字媒体政策等领域，同时担任 12 家国际学术期刊的编委，著有《品牌新中国：广告、媒体和商业文化》等多部学术著作。

杨士强 清华大学计算机系教授，博士生导师

1977 年毕业于清华大学计算机系，历任计算机系副系主任、常务副系主任、党委副书记、党委书记等职务。他是国内最早从事多媒体技术研究的专家之一，任中国计算机学会多媒体技术专业委员会主任等职务，IEEE 高级会员，主要研究方向为多媒体技术与系统、视频数据的压缩与流化技术、基于内容的多媒体信息处理等。他承担国家自然科学基金重点项目、863、973、高技术产业化示范等研究项目，发表学术论文近百篇，培养研究生 30 多名，指导的博士生获得中国计算机学会优秀博士论文奖，在多个国际会议上获得最佳论文奖；所开发的 P2P 流媒体系统 Grid Media 成功应用于 2005 年和 2006 年 CCTV 春晚直播，是国内外很有影响的网络流媒体系统。

胡　泳 北京大学新闻与传播学院副教授、政治学博士

中国传播学会常务理事，中国网络传播学会常务理事。国内最早从事互联网和新媒体研究的人士之一，著作包括《网络为王》《众声喧哗：网络时代的个人表达与公共讨论》等，译作包括《数字化生存》《2.0 版：数字化时代的生活设计》《比特之城：空间·场所·信息高速公路》《未来是湿的：无组织的组织力量》等。

甘东宇 友成企业家扶贫基金会秘书长、理事

哈佛大学肯尼迪政府管理学院公共管理硕士。2005 年至 2008 年 10 月，任国际青年成就组织（JA）中国部副总裁，主要负责业务发展和政府关系方向工作；2001~2005 年，任

中国青少年发展基金会海外与台港澳合作中心总干事；自 2004~2008 年担任全球公民社会组织（CIVICUS）理事；西南交通大学公共管理学院兼职教授。

裴　彬 商务社会责任国际协会项目开发与公共关系总监

作为商务社会责任国际协会（BSR）中国项目开发与公共关系总监，负责与政府、企业、智库、基金会、和 NGO 的合作，积极推动战略公益、妇女权利保护和劳动关系等领域的跨部门合作。管理着 BSR 旗下的多个项目，包括旨在通过跨部门的创新合作来提升中国社会投资价值的慈源项目、劳动关系协调员项目、HER 项目及劳动权利与义务等项目。加盟 BSR 之前，裴彬曾在亚洲基金会中国办公室，重点负责妇女发展和非政府组织能力建设项目。再之前，她曾在中国民政部多个部门工作，是民政部 1995 年最年轻的女干部。内蒙古师范大学的英语语言文学学士、北京师范大学教育学学士，曾在英国兰卡斯特大学和日本国际协力机构分别学习 MBA 和项目管理。2010 年，获评阿斯彭学院 Idea Festival 学者。

李二钢 北京展恒理财顾问有限公司合伙人，《数字商业时代》前主编

2000 年参与创办《数字商业时代》杂志，任杂志出版人兼主编。曾负责《投资与合作》《东方企业家》《电子商务》等杂志经营管理工作。1997~1999 年任职于《中国经营报》《精品购物指南》。1995 年毕业于吉林大学哲学系。2004~2006 年参加中欧国际工商学院“高层管理人员工商管理硕士（EMBA）”课程学习，获工商管理硕士学位。

内容提要 本书介绍“2011‘芯世界’公益创新奖”的基本情况，并收录了获奖案例中的九个成功案例。这些案例来自不同的地域、行业，在理念、模式、技术等方面也差异显著，但他们都以有别传统的思路和方法创造性地解决了公益领域的实际问题。书中亦收录了来自政府、企业、媒体和民众的公益观察和见解，希望这些“共同的声音”和“不同的声音”能够推动我国的公益事业创新发展。

图书在版编目（CIP）数据 变革的力量：“芯世界”公益创新奖案例集 / “芯世界”组委会编．—北京：知识产权出版社，2012.4

ISBN 978-7-5130-0810-5

Ⅰ．①变… Ⅱ．①芯… Ⅲ．①公用事业－案例－汇编－中国 Ⅳ．①F299.24

中国版本图书馆 CIP 数据核字（2011）第 231785 号

责任编辑：刘 爽　　封面设计：璇 子　　责任出版：卢运霞

变革的力量 “芯世界”公益创新奖案例集

BIANGE DE LILIANG

“芯世界”组委会 编

出版发行：知识产权出版社

社　址：北京市海淀区马甸南村 1 号	邮　编：100088
网　址：http://www.ipph.cn	邮　箱：bjb@cnipr.com
发行电话：(010)82000860 转 8101/8102	传　真：(010)82000893/82005070
责编电话：(010)82000860 转 8125	责编邮箱：Liushuang@cnipr.com
印　刷：北京富生印刷厂	经　销：新华书店及相关销售网点
版　次：2012 年 4 月第 1 版	印　次：2012 年 4 月第 1 次印刷
开　本：880mm×1230mm 1/32	印　张：5.5
字　数：143 千字	定　价：25.00 元

ISBN 978-7-5130-0810-5/F·479(3725)